产业社群

超级群体引领新经济浪潮

许小旻 著

图书在版编目（CIP）数据

产业社群：超级群体引领新经济浪潮 / 许小旻著. -- 北京：中国友谊出版公司, 2025. 3. -- ISBN 978-7-5057-6045-5

Ⅰ．F264.2

中国国家版本馆 CIP 数据核字第 2024P6J938 号

书名	产业社群：超级群体引领新经济浪潮
作者	许小旻
出版	中国友谊出版公司
策划	杭州蓝狮子文化创意股份有限公司
发行	杭州飞阅图书有限公司
经销	新华书店
制版	杭州真凯文化艺术有限公司
印刷	杭州钱江彩色印务有限公司
规格	880毫米×1230毫米　32开
	8.375印张　145千字
版次	2025年3月第1版
印次	2025年3月第1次印刷
书号	ISBN 978-7-5057-6045-5
定价	62.00元
地址	北京市朝阳区西坝河南里17号楼
邮编	100028
电话	（010）64678009

目录

序　叩响未来世界的大门　/ 1

第一部分　产业社群多维认知

第一章
产业社群的魔力　/ 3

高密度人才的社交与协作网络　/ 4

新经济浪潮的推手　/ 12

资源效率的重建　/ 19

平台、圈层、聚变的进化　/ 23

第二章
共建产业社群的力量 / 29

政府的创新生态梦 / 30

产业中心的软竞争力 / 35

大企业的社群情结 / 42

人才、技术、资本的赞歌 / 48

未来超级个体的成长 / 51

第二部分 从零打造产业社群

第三章
顶层设计技巧 / 61

产业社群的定位 / 62

社群文化和形象体系建立 / 70

目标会员吸引逻辑 / 75

分布式协同的组织管理 / 83

社群成长目标及策略 / 89

制定可持续发展的社群公约 / 94

第四章
运营技巧 / 100

会员数量增长术 / 101

生态合作体系建设 / 112

活跃社群的方法 / 127

仪式感与向心力 / 133

数字化和组织效率 / 136

实现社群的"自我造血" / 141

第五章
活动与影响力 / 150

让活动有吸引力的六个切入点 / 151

用5W3H打造完美活动方案 / 154

执行力之魔鬼藏在细节里 / 162

各类活动策划执行要点 / 168

第六章
内容与流量增长 / 183

让内容有吸引力的六个启发点 / 184

不同类型的社群内容创作 / 187

"10万+"阅读量的文字怎样炼成 / 197

"100万+"点赞的短视频如何做 / 205

第三部分　产业社群未来畅想

第七章

群智涌现与人类未来跃迁 / 217

AI纪元新"权力的游戏" / 218

科技与商业的群智涌现 / 222

数百万人机协同的未来 / 226

超级精英公会崛起 / 230

附录　关于产业社群的对话

聚是一团火，散是满天星 / 236

用书链接世界 / 248

致谢 / 259

> 序

叩响未来世界的大门

1776年,詹姆斯·瓦特改良蒸汽机被视为工业革命的标志性节点。也是在那时,瓦特和达尔文、博尔顿等一众科学家、实业家成立了月光社。每每月圆之夜,他们相约在工业之都伯明翰,探讨机械、化学、哲学、诗歌。后来,月光社和地方性社团的发展推动了工业革命的齿轮,为世界带来了机械化、平等主义及启蒙思想。

200多年后的今天,反观我们的真实生活,孩子们愿意天天在广场上撒野,成年人则希望找到同类聚集的角落。这或许是社群得以在不同时代存在的理由。

人们可能生活在不同的社群里。喜欢财经的人在一个社群,喜欢高尔夫的人在一个社群,喜欢旅游的人在一个社群,每年有100万净资产可以投资的人在一个社群。

一个人会有很多爱好、身份和标识，他可能生活在很多的社群里。但在同一个社群里的人，他们的价值观和审美基本上是互为认同的。

就此而言，当下以圈层化共识和利益相关性为支撑的社群，是一种基于价值共鉴和资源互通的新型人际关系。人们置身其中开启对话、交换资源、抱团取暖，以期在个人理想与现实世界之间建立起更深刻的延续感、连接感和方向感。

我犹然记得2014年盛夏6月，一群互不相识的年轻人从四方相聚，在北京成立了吴晓波频道的第一个书友会。半年后，频道的书友会在近百个城市开枝散叶。彼时，罗辑思维会员社群、混沌研习社、黑马会等纷纷涌现，社群经济如同一座正在喷发的火山。

我一度认为互联网时代上半场的光芒属于平台经济，而下半场的焦点将转向社群经济。在这种柔性的、"失控的"组织形态中，信息不对称的可利用价值在急剧下降，信息传播的透明度、精准度与深度则大为提升。在社群交互中，人们不仅在形塑一种更高效、多元的行动逻辑，同时也在扩展产业经济变革的可能性边界。

正如书中提到的，我在随后发起了一系列企业家社群。如企投会，提出"企投家"兼具企业家和投资家两重身份，鼓励他们一栖于实体产业，一栖于资本市场；又如新匠人新国货促进会，倡导企业家共赴新国货浪潮；再如90门，是专属二代企业家和青年创业者的社群；还有中德制造业研修院、激荡学院等。

一再与社群结缘,既是时代所趋,也契合我的理念——所有好的生意,都是一种新生活方式的展现;所有好的事业,都是一群志同道合者的欢聚。所以,翻开这本以产业社群为主角的书恍如故人相见,记忆也开始倒带,往事如昨——浮现。

本书基于一名产业社群组织者的实践和思考,对产业社群的观察呈现出难得的立体视角。全文框架面面俱到,足见作者的细心。整体内容囊括了社群的历史演变、概念定义、顶层设计、运营技巧,以及社群在 AI 时代的引领作用等各个方面。本书似乎具有了"社群运营指南"的潜质,如果把它作为一个回答,对于产业社群何以推动新经济浪潮这个问题,其完成度是比较高的。

值得一提的是,书中有一些颇为大胆的观点。比如,作者预判可预见的未来,产业社群会进化为一种生产主体,负责兴趣需求生产(自我实现),政府负责基础需求生产(保障福利),企业负责高端需求生产(满足奢侈消费),三者共同在文明进步的尺度上推动科技发展,迈向更高使命。不妨说这是一种理想化的憧憬,毕竟一经涉及宏大命题和本质规律,详细而深入的论证不可离席。

此外,作者也比较热衷在语词的密林中捕捉新现象和新物种。在阐述产业社群互动模式时,引入了"乌班图式交流""海沃塔式分享""睦彻利式协作"等概念;在概括产业社群在创新生态系统中的作用时,提出了"创新浓度"的构想。一般来说,新颖且贴切的概念引用，可以提高认知的触达度，但对于"创新词"的泛滥也应保持必要的审慎。

在本书的最后章节，面对已然到来的 AI 时代，作者表达了对产业社群的乐观估计，认为它有可能是人类前进的灯塔，并提出了一个有趣的假设："众所周知，文明的最高意志是生产力。我们如果把构成生产力增长的因素归结为两大变量——X 轴是效率，Y 轴是方向，显然 AI 擅长效率，而作为超级精英公会的产业社群要为人类指明更优的方向。这也是产业社群存在的最终极的意义。"

产业社群如何指引人类暂且不论，我更欣赏这种里尔克式"遇见了风暴而激动如大海"的豪迈，仿佛清晨早起灌入的一腔新鲜空气，或者于暗夜中乍见圆月之光。

事实上，除了工业巨匠瓦特，1776 年前后的月光社还陆续汇集了黑洞的发现者、镁元素的发现者、氧气的发现者、水力纺织机的发明人、热气球的发明人等，影响之大波及本杰明·富兰克林、"现代化学之父"拉瓦锡、"土木工程之父"约翰·斯密顿。

如今这道月光穿过历史风尘照进了我们的时代，谁来叩响未来世界的大门呢？索性把手头这本《产业社群：超级群体引领新经济浪潮》当作一把未来之钥吧，翻开它，静候新经济浪潮的序曲。

吴晓波

第一部分

产业社群多维认知

什么是产业社群?它在社会经济中可以发挥什么作用?哪些组织或个人正在积极投身产业社群?它能给参与者带来什么蜕变?让我们开始激荡人心的探知之旅……

第一章 产业社群的魔力

在漫威系列电影《复仇者联盟》中有一个无限手套，无论谁戴上它，打一个响指就能改变未来。在某种程度上，我觉得产业社群也具有同样的魔力。它可以打破资源的边界、发掘潜在的合作可能，以及改造人们的认知体系，就像无限手套一样影响未来。

那么，产业社群到底是什么？它有什么作用？

在本章中，首先，我们将对产业社群的定义、分类、核心特征做基础的了解。

其次，从新经济风口和社会资源流动两个宏观角度出发，我们将剖析产业社群在其中所起的作用，希望给读者以启发，让读者能敏感把握时代的机遇。

最后，我们将梳理产业社群各个阶段的发展，以及三种不同形式产业社群各自的特点和功能，帮助读者更透彻地了解产业社群，以便在未来能够轻松驾驭这些产业社群。

高密度人才的社交与协作网络

2001年,一场闭门交流晚宴在硅谷举行,主办方是"火星学会"。[①]

这场晚宴的门票价格不菲,每张需要500美元。但马斯克对"火星学会"这个名字一见钟情,当时他正想着要怎样开始火箭事业,所以决定去参加。

要说马斯克的天才,从一件小事上就可见端倪。他竟然给主办方寄了一张5000美元的支票,这成功引起了"火星学会"主席罗伯特·祖布林的注意。于是,当时还名不见经传的马斯克被安排坐在主桌,身旁坐着的是大导演詹姆斯·卡梅隆。

一整个晚上,马斯克都在和卡梅隆聊火星,以及人类如果不移民其他星球就注定会失败等话题。当时,两个人都不会想到,多年后,卡梅隆拍了那部讲述跨星际文明冲突的《阿凡达》,而马斯克成为一心想要打造火星城市的"硅谷钢铁侠"。

更奇妙的是,和马斯克一起创立SpaceX的火箭工程师吉

[①] 艾萨克森. 埃隆·马斯克传[M]. 孙思远,刘家琦,译. 北京:中信出版集团,2023:92.

姆·坎特雷尔及特斯拉联合创始人马丁·艾伯哈德都是通过"火星学会"与马斯克结缘。

如果回到20多年前,马斯克没有参加那次"火星学会"主办的晚宴,那么故事会怎样发展呢?全球新能源汽车行业和航空火箭业的发展是不是另一种叙事呢?

正如"火星学会"对于马斯克的意义,一些与产业相关、与精英人才相关的社群正在创造或创造了商业奇迹和故事。我们把这类社群称为产业社群。

根据社群全体成员所从事产业的不同范围,产业社群可以细分为两种类型:一是垂直产业社群,以发掘知识、技术、行业的深度为追求,参与者都对同一个产业生态圈感兴趣,譬如金融社群、人工智能社群等;二是泛产业社群,以拓宽人脉、资源、信息的广度见长,参与者都具有同一种精英身份标签,譬如海归社群、企业家社群等,不限于单一产业生态圈,而与各种产业机会相关。

垂直产业社群的优势是可以在熟悉的行业语境、无障碍沟通的专业术语中,产生专精、深入的交流和学习,以及更直接、更落地的合作可能;而泛产业社群的优势是可以在跨行业、跨学科的交流中看到多元,激发灵感,找到全新思路的产业解决方案。

综合以上认知，我们应该怎样定义产业社群呢？基于精准、简洁的原则，可将其定义为：高密度人才的社交与协作网络。

首先，高密度人才体现产业社群的纯粹性，以优秀吸引优秀，用人才吸引人才。很多优秀的人聚集在一起时，就会产生神奇的社会经济"化学反应"；其次，社交与协作体现产业社群的成员互动，是产业社群的存在意义；最后，网络则体现产业社群类似拓扑结构的组织形式，以及节点之间的链接、相互加持效应。

总之，产业社群具有一定的专业性和圈子化。

牛津大学进化人类学教授罗宾·邓巴在《大局观从何而来》一书中说，即便人类已经从石器时代跨入了数字时代，但管理我们社会生活的核心认知结构却始终未变。其涵盖的仍旧是与他人建立亲密关系，并解决我们所有祖先在塑造自己社会生活的过程中都曾经面对过的问题。

也就是说，当我们寻找时代红利、寻找产业机会时，社群是我们内心的渴望。

而对于这种渴望，罗宾·邓巴在《社群的进化》一书中也给出了更具体的解释。譬如，远古人类就已经知道协作和分享的重要性，一个人出去打猎肯定不如一群人狩猎成功率大，又能提高抵御野兽风险的能力；社群会让远古人类形成聚集、交流，带来更多的交配机会，因为进化最重要的使命就是繁衍。①

所以，无论远古还是如今，人类从生产力和发展角度都需要以交流、分享、协作为核心。产业社群作为一种创新组织，更是如此。

乌班图式交流

U8是由哈佛大学、牛津大学等全球顶尖高校的中国学子携手创办的组织。2023年度U8世界创新峰会的主题是"2050：回到未来"，围绕世界前沿热点议题，探讨创新，建立了跨越国界和知识边界的深度链接。在峰会圆桌论坛环节中，我的好朋友亚历克斯（Alex）也是U8核心创始人之一，与梅耶·马斯克有过一段精彩的对话，讨论了女性在世界中的角色和"她力量"。

活动后，当恭贺他们的峰会成功举办时，我也好奇地问，是怎么邀请到梅耶·马斯克的呢？我心想，虽然我的朋友们非常优秀，但梅耶·马斯克几乎是"神级"的存在了，她为什么愿意参加一个国际学生组织举办的论坛呢？由此，我想到产业社群似乎一直不缺顶级人士和各界大咖的支持，并且相互间的

---

① 邓巴,甘伯尔,格列特. 大局观从何而来[M]. 刘腾达,译. 成都：四川人民出版社,2019：116.

交流都是平等、自由的，非常符合"Ubuntu精神"。

Ubuntu（乌班图）一词源于非洲的祖鲁语和科萨语，意思是"人性""我的存在是因为大家的存在"，突出人们之间相互的平等、友爱和交流。[①]后来，Ubuntu又被延伸到软件开源领域，代表了科技世界的开放、交流的精神。与之类似，在产业社群领域，我们看到很多大咖都乐意跟年轻人互动，成员之间彼此尊重、积极交流、相互启发，具有鲜明的"Ubuntu气质"。

乌班图式交流让产业社群区别于传统组织，极大加强了对人才的吸引力。因为在传统组织中，阶层、职级非常鲜明，论资排辈的现象比较突出，这就让资深的人总需要"端着"，让才华横溢的新人难以尽情发挥优势。而产业社群作为一种开放和鼓励交流的组织，相当于给人才以新平台，创造了新的交流文化，带来真正具有认知价值和情绪价值的交流氛围，也让新的人才能够更快在圈内、在业界"跳"出来。

---

① 百度百科．Ubuntu［EB/OL］．（2024-07-14）[2024-07-16]．https://baike．baidu．com/item/Ubuntu/155795?fr=ge_ala．

海沃塔式分享

在一次AI（人工智能）认知研习社的活动中，我认识了微软中国数据科学与人工智能解决方案部总经理李磊。作为资深行业大咖，他在演讲中分享了对AI技术、对未来前景等非常精辟的理解。同时，他也非常谦逊。因为在后来私下的沟通中，我发现他并不是一律墨守自己分享过的观点，而是善于吸收别人的反馈，让自己的观点更缜密、更客观。这时，分享者似乎也得到了学习和进化。

这让我想到了犹太人的一种学习方式。要知道目前全世界获得诺贝尔奖最多的就是犹太人，尤其是含金量最高的诺贝尔物理学奖、经济学奖等；另外硅谷很多创始人也是犹太人，包括Google（谷歌）的谢尔盖·布林、Meta的扎克伯格等。为什么犹太人这么聪明呢？据研究，犹太人从小在家庭和学校里是按照一种叫"Havruta（海沃塔）"的方式进行学习，即两个孩子一组，相互提问、回答、讨论甚至争论，从而培养沟通能力和学习能力。

产业社群内的分享也是类似，在很多情况下都是相互印证、教学相长，促进彼此的认知提升。我称之为"Havruta精神"。

因为倡导密集的观点输出，加以自由的想法碰撞，海沃塔式分享可以让产业社群内迸发新思维、新模式的火花，从而培育出创新的土壤。

睦彻利式协作

2023年谷歌DevFest（开发者大会）杭州站是在欧美金融城（EFC）[①]举办。其实在活动前两周，作为主办方的谷歌开发者社区都还没有确定下满意的活动场地。有一天，谷歌开发者社区杭州负责人之一的蕾蕾通过一个朋友联系到我，希望能把活动放在EFC的国际报告厅举办，最好是免费的。因为她想节省下预算，用在给开发者社区会员们提供更多服务上。我答应了，于是就有了愉快的合作。我也在后续的活动执行中看到了谷歌开发者社区内洋溢的年轻、热情，以及抢着帮忙、相互协作的习惯，每一个人都具有主人翁精神，一起致力于让活动更完美。

实际上，在其他很多产业社群中，这样的协作意识和积极奉献精神也屡见不鲜。对此，我认为社会学家乔治·霍曼斯提出的"社会交换理论"很好地解释了这一点：在团队

[①] 欧美金融城（EFC）是位于杭州未来科技城核心的一座超大型商务综合体。

中，当成员们感受到彼此的支持和帮助时，他们更愿意回报这种支持，从而形成积极的互动循环。也就是说，互利共生（Mutualism）是产业社群中很明显的一个特点。

不同于"乌班图""海沃塔"已成为约定俗成的专业术语，Mutualism没有现成的对应翻译。而根据其发音及语义，我想称之为"睦彻利"是比较贴切的（"睦"体现和谐共生，"利"体现彼此互利）。所以，关于产业社群的协作，可以理解为"Mutualism精神"以及"睦彻利式协作"。

总之，交流、分享、协作是产业社群的核心。Ubuntu精神、Havruta精神、Mutualism精神可以视为产业社群的气质。我想，这就是精英的气质。

另外，还有很重要的一点，交流、分享、协作的频次和深度决定了产业社群成员间的链接强度。从心理学家的情感理论中，我们可以初步得出结论：弱链接释放善意，强链接形成信任。通过交流、分享、协作，每个产业社群都是努力走在建立更多成员间信任的路上。

新经济浪潮的推手

产业社群最令人心向往之的，还是它具有引领和推动新经济浪潮的力量。

为什么这么说呢？站在扑面而来的AI时代起点，我们不妨从上一场浪潮——移动互联网经济中，看看一场新经济浪潮到底需要哪些推动力，以及产业社群在其中的重要性。

2007年1月9日，第一代iPhone发布。这是一次以苹果公司的命运为赌注的发布会，乔布斯和他的团队已经连续彩排了6天。[①]为了解决原型机使用中突然死机的问题，演讲台上其实准备了多台iPhone，并且已经测试出了最佳演示顺序，可以让乔布斯轮流使用。为了解决网络信号不强的问题，他们甚至租借了一个移动信号塔，并且把iPhone上的信号锁死为五格。

从研发到发布会，iPhone的每一步都充满了冒险。然而，哪一个划时代的产品不具有冒险精神呢？

基于iPhone采用的多点触控技术及App Store的推出，全世

[①] 搜狐IT. iPhone诞生的幕后故事：像登月一样艰难［EB/OL］.（2013-10-09）［2023-10-25］. https://www.eepw.com.cn/article/174539.htm.

界的移动互联网应用才正式奠定了基础。就像英伟达CEO（首席执行官）黄仁勋所说的"iPhone时刻"，直指历史的分界点，移动互联网经济的浪潮开始席卷一切。

2008年4月1日，中国开始普及3G网络，图片、音乐等媒体形式在手机端触手可得。高速数据传输的移动通信技术的进步，让中国的移动互联网经济更加喷薄欲出。

2009年8月14日微博诞生，2011年1月21日微信正式上线。尤其是微信的国民级应用，掀起了中国的移动互联网经济热潮，社交、购物、娱乐、出行、教育等各种应用层出不穷。2011年被称为中国移动互联网元年，所有的生意都值得用App（手机应用软件）再做一遍。

值得注意的是，在那个创业和投资热情异常高涨的时期，2010年12月，一名北京邮电大学的大四学生刘成城创办了36氪，从最开始在民居楼里办公，一步步发展成为中国最大的科技创投媒体。创办伊始，36氪就凭借敏锐的洞察力报道了许多极具潜力的创业项目，其中包括语音功能首创者Talkbox。而有趣的是，微信也正是因为引入了语音功能，才奠定了早期的成功。作为促进信息流动、技术交流的平台，自2011年起，科技创投媒体成为推动新经济的又一支显著力量。

2012年则是更热闹的一年。2月6日，i黑马上线，这是一个融合了媒体、学院、加速器、社群的创新型综合服务平台，帮助创业者从全球范围内获得灵感、方法、人才、融资等；5月，虎嗅上线，专注于贡献原创、深度、优质的商业资讯，围绕创新创业的观点进行剖析与交流；12月，钛媒体上线，围绕TMT（Technology科技，Media媒体，Telecom通信）为用户提供最前沿、最有价值的商业科技信息。在这些新锐媒体和媒体社群活动的推动下，移动互联网迎来更多商业模式，吸引了更多创业者加入。

接下来就是中国的4G元年——2013年，随着移动带宽进一步升级，视频可以在手机端流畅地观看。而游戏开发公司也开始觉醒，从大家熟知的"开心消消乐"到风靡一时的"植物大战僵尸"，陆续出现了多个爆款手游。

2014年春节，很多人都沉浸在微信抢红包的乐趣中，而且手机打车软件滴滴、快的数十亿烧钱大战轰动一时。这背后是腾讯、阿里巴巴集团的战争，而移动支付也由此更普及。此外，2014年，中国手机移动互联产业联盟成立，通过研究发布产业发展指数和进行产业基金运作来引导产业更好地发展。同年，马云提议成立"阿里校友会"，发展至今，已成为"互联网大厂"第一社群，其中不乏移动互联网赛道的大量优秀创业者和投资人。

2015年，当所有人都认为淘宝电商地位无可撼动时，拼多多社交电商横空出世，原来手机端可以不断上演新的故事。同样，2015年O2O（Online To Offline，即"线上到线下"）火热，互联网公司纷纷入局本地生活，移动互联网带来了更多商业想象。

2016年4月，摩拜单车突然成为街头的亮丽风景，引领了基于手机LBS（基于位置服务）定位的共享经济热潮。2016年9月，一个将让全球欲罢不能的App——抖音正式上线了，虽然直到2020年直播带货才火遍全国，但2016年确实堪称短视频和直播的元年。

其后，电商、共享经济、O2O、直播成为全社会最受瞩目、最有"钱"景的商业赛道催生了移动互联网经济的黄金年代。与之相应，这个时期大量电子商务协会、共享经济研习社、O2O联盟、直播网红学院等纷纷成立，加速了行业的交流和进化。天时、地利、人和，中国的移动互联网经济领先全球，并收获了最大的时代红利。

纵观以上，在这一轮经济浪潮中，到底哪些是真正的推动力量呢？哪些可以作为我们投身即将到来的AI经济浪潮的参考呢？我归纳为以下五点（ETPCC）。

一是企业家精神（entrepreneurship）。经济学家熊彼特把

"企业家精神"归纳为四点：第一是自我实现，以商业的方式建立私人王国；第二是征服欲，对胜利的热情；第三是冒险、发现、创造的喜悦；第四是坚强的毅力和意志。[①]因此，以乔布斯为代表的那些拥有企业家精神的人，是市场经济中最稀缺的资源，是社会的宝贵财富，也是新经济浪潮的内生动力。

二是技术进步（technology improves）。一项技术对效率的提升和广泛的应用潜力，是引领新经济浪潮的重要动因。譬如，从3G网络下载图片和音乐到4G网络在线看视频，再到5G网络的更高数据传输速率、更低延迟和更广泛连接能力，移动互联网随时、随地的网络交互催生了无数的商业机会。而经济弄潮儿善于抓住革命性技术每一次迭代的机会。

三是政策支持和基础设施完善（policy support）。以移动互联网经济而言，一方面自2011年"十二五"规划开始，中国陆续出台了大量以支持和规范为主的指导意见；另一方面是截至2024年5月底，中国累计建成5G基站数已达383.7万个，约占全球5G基站数的60%。完善的政策和互联网基建，为企业的商

---

① 百度百科. 熊彼特企业家理论［EB/OL］.（2023-08-22）［2023-11-10］. https://baike. baidu. com/item/%E7%86%8A%E5%BD%BC%E7%89%B9%E4%BC%81%E4%B8%9A%E5%AE%B6%E7%90%86%E8%AE%BA/736492?fr=ge_ala.

业创意创造了实现的可能。

四是资本支持（capital support）。中国始终是全球资本热衷的投资地，以及国内的天使投资人、种子基金等也已非常成熟。仅以2021年为例，据不完全统计，资本在影音娱乐、通信社交、电商和运动健康等移动互联网应用领域的投资事件就达260起，投资总额千亿元。资本必然是技术和商业的助推器。

五是专业的媒体和社群（communication and community）。无论是新经济、新技术的启蒙，还是加强推广、促进合作、加速商业进程等，科技商业媒体和产业社群都发挥了非常大的作用。其中，媒体的泛影响力相对更大，社群的业内、圈内影响力则更直接，它们掌握了新经济浪潮的思想权和话语权。

综上所述，产业社群无疑是新经济推动力（ETPCC）的重要一极。正如黑马会、中国手机移动互联产业联盟、阿里校友会等一样，产业社群在移动互联网经济的发展中起到了巨大的推动作用。通过交流、分享与协作，产业社群可以形成新经济的信息池、人脉圈和行业平台，助力每一个参与者加速进化，并促进更多的合作与创新。

而更关键的是，在ETPCC五大因素中，产业社群相对具有独特且无可取代的作用。

首先，作为高密度人才的社交与协作网络，它具有产业集聚、人才集聚后的平台链接效应。这使得产业社群可以无缝对接政府、企业家、技术方、资本方、媒体等，让成员们可以参与其中，探讨、协作、彼此赋能，从而产生新的化学反应，推动新经济浪潮的进一步发展。

其次，它的多元性、兼容性对很多希望加入到未来新经济分工中的人们来讲，产业社群是一个很好的切入口，参与门槛不高，但却可能收获高认知、高人脉、高情绪价值等意外惊喜。所以，我们看到除了行业大咖、资深人士外，很多年轻精英、行业新星也热衷于参加产业社群，并从中找到新经济趋势下的机会，成长为新经济浪潮的弄潮儿。这也正是产业社群最令人才心动的意义所在。

参与社会经济的未来，可以有很多种方式，但产业社群可能是最好的方式之一。

资源效率的重建

资源只有流动起来才是有价值的,产业社群就是一种让资源高效流动的渠道。

这源于一个有趣的发现。

有一次,陆家嘴FOF[①]联盟举办了一场以家族办公室为主题的沙龙活动,邀请我去参加。正好那段时间我正为我们的写字楼销售发愁,心想就去拓展一下人脉吧。在现场讨论时,大家都希望能了解楼市变化和资产投资前景,于是我就谈了自己的看法,也认真聆听并学习了家族办公室的运营方式。

事后,为了感谢朋友的盛情邀约,我想着也为他们的社群做点事。于是,通过香港投资推广署的一位负责人,我联系到了其家办部门主管(从2023年年初开始,香港出台了一系列家办政策,致力于打造亚洲地区单一家办的中心),就这样为双方牵线了一次家办合作的线上会议。

相互接触的次数多了,我在金融和家办这个圈子里认识了更多朋友,而这些朋友又带我认识了更多超高净值的人(我的

---

① FOF是"Fund of Funds"的缩写,即"基金中的基金"或"母基金";其基本特点是将大部分资产投资于一篮子基金,而不是股票、债券等金融工具。

潜在客户）。这意味着人脉资源在产业社群内高效地重组，人脉的作用被激活了。想想看，如果不参加这些产业社群，那些没有被发挥链接作用的人脉还是资源吗？

另外，我们有一个国际报告厅以前经常闲置，但现在已经成为科技社群最青睐的活动举办地，也使我成了阿里校友联合会（青橙会）、谷歌开发者社区等社群的合作伙伴，获得他们很多支持。细想下来，这只是公司平台下一个很小的场地资源，未曾发挥大的作用，但在产业社群的资源流动中，其价值得到了更大的挖掘。

所以，能力资源（包括一个人自身的知识、经验、思想、创意、专长等）和社会资源（包括一个人掌握的信息、人脉、平台、影响力、资本等），这两大资源是我们每个人都拥有的，但如果只在一个固定的工作生活圈中，就失去了资源流动效率；而在多元、开放的产业社群中，将有更多、更淋漓尽致的运用资源的机会。

那怎么理解一个产业社群所涉及的资源呢？主要有两个层面：一是内部资源，以每个成员的能力资源、社会资源的集合为核心；二是外部资源，以产业社群对外合作的生态关系资源（包括政、产、学、研等）为核心。基于信任机制、影响力机制等，产业社群的资源流动会形成内循环和外循环，从而实现资源高效配对。

此外，产业社群的渠道作用也值得我们重视。在商品界，一直有说法叫"渠道为王"，渠道的价值不言而喻。但相对于实体商品的渠道千变万化、遍布社会的每个角落，人的能力资源、社会资源、合作关系资源等却鲜有流动渠道。只有以交流、分享、协作为核心的产业社群，才具有让这些资源大量流动和形成再组合的可能。事实上，这也是产业社群的重要作用之一。

"彼之所需，我之所有"，在产业社群中是最令人高兴的事，因为资源的流动即协作。

我们把视角放大到整个经济体系，可以看出市场机制基于自由的价格和供需关系，是迄今为止最有效率的资源配置方式。但是，因为信息不对称的存在，导致很多资源流动会形成浪费，包括产能过剩等，这就是"市场失灵"。

怎样解决"市场失灵"呢？除了政府加强干预和宏观调控外，我更想建议：鼓励和支持产业社群的发展。这样就能让市场第一线在更多的交流、分享、协作中，尽量去消除信息不对称，实现帕累托优化（Pareto Improvement），从而提高整个社会的资源效率。

有一句话很有道理：我们不缺想法，缺的是把想法落地的能力；我们也不缺资源，缺的是让资源发挥作用的能力。产业社群作为提高资源效率的渠道，怎样才能发挥更大的价值呢？重点还是交流、分享与协作，让人才、信息、技术、资本等资源充分流动起来，构建一个产生源源不断链接的、有活力的资源平台。

平台、圈层、聚变的进化

产业社群有哪些形式？分别有什么特点？怎样影响历史和未来？这些值得我们好好研究。

当然，最好的方式就是沿着时间轴去了解它发展的重要节点。因为在发展的脉络中，一定隐藏着有价值的信息，而未来也可由之推演。

如果把行业协会、商会也当作产业社群的话，我把它们诞生和发展的阶段定义为前产业社群时代。

在唐朝，商业空前繁荣，集市里经营同类商品的店铺开始往一处集中，经常开成一行，所以"行"就延伸为"行业"。到了宋朝，商业进一步发展，于是有"行会"成立，初衷是维护业内秩序，规定售价，平息纠纷等。

随着明朝"三百六十行"成为熟语，清朝鸦片战争后洋务运动兴起，以及民国《工商同业公会规则》公布，行会的力量越来越大，可以制定行业标准，代表行业与政府沟通等。[1]这也是现代行业协会的主要宗旨。

---

[1] 荆门市商业联合会. 商会的历史作用与时代使命［EB/OL］.（2019-01-17）［2023-11-15］. https://www.sohu.com/a/291703964_100020944.

在行会的基础上，1902年中国第一个商会在上海成立。当时，盛宣怀任商务大臣，提出"商会者，所以通商情保商利，有联络而无倾轧，有信义而无诈虞"。

此后100多年来，中国成立了数千个商会，以浙江商会、温州商会为最佳代表（"地域+商会"是全国通用的形式），为商人间提供联络、联谊、联手合作的机会，也起到政商交流、维护商人整体权益的作用。

综上，前产业社群时代的特点主要是有"平台"。无论行业协会还是商会，主要发挥三大功能：

第一，举办各种论坛、座谈会、联谊聚会，让大家彼此熟悉。

第二，制定并分享各种行业规则，促进营商环境更健康有序。

第三，作为政商沟通的桥梁，为行业及商人群体争取更有利的政策。

"商界思想家"冯仑曾经说过一个很有意思的观点，因为中国是人情社会，行业协会或商会还兼具了公断和私了的中间人作用，譬如两人有矛盾了，可以请商会主持公断，一般情况下商会大佬叫他们一起来喝喝茶，再和和稀泥，事情就解决了。①

说完了前产业社群时代，再说说现在。当然，行业协会、商会仍然在起着非常重要的作用，只是越来越多的团体涌现了，比如校友会、私董会、投资人俱乐部、企业家联谊会等。它们有什么特点呢？

浙大EMBA（高级管理人员工商管理硕士）飞鹰会的李刚会长是个超级跑步爱好者，目前飞鹰会的3000多会员在他的影响下热爱上了运动。每周的环西湖跑，每年的戈壁挑战赛，都吸引了很多会员参加。大家在运动之余，也会在一起聊聊企业管理、经济动向，一起看看投资项目。因为跑步就是让人敞开心扉，并且需要彼此鼓励与坚持的运动，所以飞鹰会的文化就是让人感觉轻松、真诚、相互支持。

领教工坊是成立于2011年的国内第一个私董会组织，由中欧国际工商学院教授肖知兴、中国总裁教练第一人张伟俊等发起。作为闭门式、讨论主题签有保密协议的小型社群，领教工坊引入了私董会鼻祖伟事达（Vistage）的模式。其前COO（首席运营官）蒋晓捷曾经分享，通过资深CEO教练的"传帮带"及学员的无私交流，领教工坊主要是帮助每一个学员突破认识

---

① 冯仑. 理想丰满[M]. 北京：文化艺术出版社，2012：218.

局限，从而解决企业面临的实际管理问题。这是很有意义的，正如周鸿祎也分享过，硅谷很多创业型企业能够迅速做成世界级企业，背后都有一个或多个CEO教练，包括投资教父、企业大咖等，带来超级认知和超级圈子。

海投会的全称是杭州市海外企业家投资联合会。春哥是海投会副会长，也是个很有意思的人。他曾经提到一个投资人俱乐部的模式——九人云。他们找了几十个超高净值、兴趣广泛的朋友聚在一起，口号是"一起赚钱一起玩"。每次聚会先在微信群中投票选定聚会主题，然后根据报名情况邀请九个人作为嘉宾。活动中先请一位专家分享，然后每位嘉宾都需要发言，并且只能发言五分钟以内。这个模式的好处是，确保每个人都能阐述观点，头脑激荡，所以大家都非常喜欢参加，报名是要抢的。

由此可以看出，当下产业社群的特点除了"平台"外，更着重于"圈层"。因为它们主要发挥了三大功能：

第一，邀请专家及政商大咖闭门分享，打造小众的学习型组织。

第二，围绕共同的兴趣，举办各类主题活动，让大家能够相互深度链接。

第三，把社群本身的内涵投射到会员身上，形成一定的身份标签。譬如，从颇受重视的高端消费语境圈层营销来看，很多都是与这类产业社群进行合作。

经历了"平台化""圈层化"，精英自驱意识越来越强，于是，后产业社群时代来临了！

Hugging Face是一家开源模型库公司，由它发起的BLOOM项目，吸引了来自全球60多个国家、200多个各类机构、超过1000名研究人员和工程师义务加入，其中有大量谷歌、微软、Meta及其他科技巨头的员工（以个人名义）参与。[①]这是一个典型的AI产业社群，构建以社区为中心的方式，共享知识和资源。

BLOOM项目的初衷是让自然语言处理技术更容易被访问和使用，让更多的人掌握这个工具以达成创新目标。2022年3月14日，BLOOM大模型正式发布，并开始每日更新训练进度。这时，距离2022年11月底ChatGPT推出并引起全球人工智能热还有8个月，大模型对于公众还是一个全然陌生的概念，但BLOOM项目的参与者们凭着技术热情已在狂飙突进。

截至2023年6月1日，BLOOM项目已共享了215693个训

---

① Ben. 全球独角兽丨Hugging Face：在人工智能的大航海时代悄悄地造一艘方舟［EB/OL］.（2023-06-14）［2023-11-20］. https://baijiahao.baidu.com/s?id=1768656682343286224&wfr=spider&for=pc.

练模型，38085个数据集，涵盖了NLP（自然语言处理）、语音、生物学、时间序列、计算机视觉、强化学习等几乎所有领域，搭建了全球范围最完整的AI开发者生态。这些是由全球最懂NLP、最懂机器学习的人们一起无障碍地工作的成果。这在纯商业化的公司架构下是永远无法达到的，而产业社群可以。

后产业社群时代的特点是什么呢？我认为是"聚变"。由一群有产业信仰、有使命感的人聚在一起，发挥群体智慧，产生化学反应，产出成果，形成巨大的产业推动力。这与之前以平台、圈层为特点的产业社群是完全不同的。

当然，每个时代的产业社群登上舞台中心，并不会取代之前的产业社群，只是让"花园"更繁盛。平台、圈层、聚变之间相互影响、共同迭代，会让产业社群成为一股推动世界的力量。

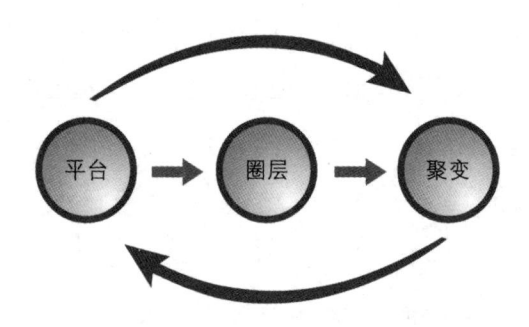

图1-1　产业社群"三体"进化论

第二章　共建产业社群的力量

试想，如果有少林、武当等五大宗派支持你，那你不当武林盟主也难。

产业社群也是如此。当科技化、精英化的社会到来时，世界的主导者们突然发现产业社群的价值和潜力，纷纷给予支持，于是产业社群正在加速发展。

本章将列举共建产业社群的最重要的五大力量——政府、产业中心、大企业、媒体、社会精英，并分析他们为什么愿意不惜投入、大力支持产业社群。

另外，我们也将通过案例展现这些共建者如何更好地参与产业社群并有所得。

政府的创新生态梦

未来的竞争就是创新的竞争，国家、城市、企业概莫能外。不同的是，有的还在创新1.0时代，围绕熊彼特的创新五要素进行竞争；有的在创新2.0时代，基于"技术进步+应用创新"的创新双螺旋展开竞争；而有的已经在创新3.0时代，这就是创新生态系统的竞争。[①]

2004年美国竞争力委员会首次提出"创新生态系统"的概念，认为创新不是一个线性的过程，而是一个有生命力、可演化的生态系统。硅谷的成功正是源于创新生态系统的成功，那些伟大的科技公司都是自然"生长"出来的。

所以，就像很多城市对标硅谷一样，每个政府都有一个创新生态梦。怎样圆梦？谁是助梦者？

硅谷领导集团（Silicon Valley Leadership Group，SVLG）是美国最具活力的产业社群之一，由惠普创始人、硅谷先驱之一戴维·帕卡德（David Packard）于1977年创立。[②]

[①] 百度百科. 创新2.0［EB/OL］.（2023-12-12）［2023-12-20］. https://baike.baidu.com/item/%E5%88%9B%E6%96%B02.0/6764027?fr=aladdin.

[②] Silicon Valley Leadership Group. Igniting Innovation：Driving the Next Tech Evolution［EB/OL］.（n.d.）［2023-12-22］. https://www.svlg.org.

SVLG将硅谷数百家创新经济公司的首席执行官和利益相关者聚集在一起，围绕技术与创新、包容性和归属感、可持续增长等主题，举办了很多高管圆桌会议和大型影响力活动，塑造了硅谷地区的创新文化，也加强了人才、技术、资本之间的链接机会。正如SVLG主席、旧金山49人队首席执行官杰德·约克（Jed York）所说，在硅谷的创新生态发展中，SVLG起到了很大的作用。

而在中国，我们也看到一些产业社群和城市创新生态的相互成就。譬如，上海市海外经济技术促进会（海促会）的江秘书长就曾经跟我介绍过他们在创新生态方面的工作。作为1988年在上海市政府支持下成立的协会，海促会旨在为海内外的制造、经贸、科技等领域的企业立足上海、面向世界提供服务，并在项目、资金、技术等方面帮助这些企业进行对接。

多年来，海促会通过约200场产业专题论坛、2000份产业文献报告，以及大量的专业书籍、数字微课、项目孵化等形式帮助政府、企业推动了创新。无论是互联网+、数字化转型，还是ESG（环境、社会和公司治理）可持续发展、碳中和解决方案等，海促会总是能第一时间响应国家战略，在新质生产力方面发挥了积极的引领作用。

综上所述，产业社群是一座城市乃至一个国家构建创新生态系统的重要助力。更关键的是，产业社群和创新生态具有天然适配性。第一，它们都有共同的特点，"多元、开放、动态、有序"，在发展规律上合拍；第二，正如中国科学技术大学汤书昆教授总结的创新生态系统四大要素——创新环境、创新主体、创新资源和创新机制，其中每一个要素都和产业社群具有密切的关联。

譬如创新环境，重要的是形成"崇尚创新、宽容失败"的社会文化氛围，这在产业社群的各种论坛、分享和交流中是永恒的主题；而创新主体的产学研等单位，创新资源的人才、技术、资本等是产业社群的日常链接节点；至于创新机制，在产业社群与政府、与各个创新服务平台的链接中，也是沟通和建设的重点。

在汤书昆教授所说的创新环境、创新主体、创新资源、创新机制之外，我更希望用一个词来概括产业社群在创新生态系统中的独特作用，那就是"创新浓度"。

一座城市的创新浓度越高，整座城市也就越有活力。譬如在北上广深，在产业社群的推动下每周都有各种创新论坛、项目路演、投融资交流会，各种新颖的观点、模式等进行碰撞，使得这些城市的创新生态一片生机盎然。

总之，政府要构建创新生态，产业社群是一种好的选择。

那么，政府应该怎样支持产业社群的发展呢？我们以定位于"中国创新策源地"的杭州为例：一是主管单位给予指导，并进行一定的官方背书和资源支持；二是在运营经费和活动费用上，尽可能给予补贴，保障产业社群更好地发展。

譬如，在杭州全球青年人才中心这个组织的成立和运营上，杭州市委组织部（人才办）、团市委作为主管单位给予了很大的帮助。Key是杭州全球青年人才中心的负责人，跟我说她一年要主办或联办50场创新主题活动，所以需要优质的活动场地来服务海归社群。依靠政府的大力支持，人才中心获得了免费的独立办公空间、一个专属的300多平方米活动空间、一个共享的休闲及会议空间；在运营经费上，更是依托政府采购和市场化运作的方式，通过财政预算保障一点、市场化方式筹措一点、属地单位支持一点，确保了中心各项工作落地。

正是由于政府的大力支持，杭州全球青年人才中心才能形成高质量的海归精英社群，营造了"热带雨林"式的人才生态，吸引了更多的全球青年人才到杭州创新创业。由此我们也不难理解，为什么杭州能连续多年稳居全国人才流入量榜首，这背后离不开政府对产业社群、对创新生态的支持。

不仅是杭州，在其他很多城市，地方政府也越来越重视支持产业社群发展，最直接的方式就是给产业发展活动以费用补贴，鼓励并吸引更多的人才、技术、资本前来，打造创新创业氛围，与城市共发展。

表2-1 某地方政府对产业社群活动支持的申报表示例

××市××区产业发展活动备案申报			
申报单位（盖章）			
活动名称			
活动类型	□技术创新　　□市场拓展　　□品牌提升 □产学研合作　□文旅演艺		
活动级别	□国际级　　□国家级　　□省级 □市级　　　□其他		
拟举办时间		拟举办地点	
拟邀请人数（人）		活动费用预算（万元）	
拟邀请嘉宾			
活动负责人		联系电话	
联系人		联系电话	
活动情况简介			

产业中心的软竞争力

根据统计，中国现有国家级产业园696个，省级产业园2133个[1]；截至2023年，全国产业园区的总量超8万个、全国开发区核准面积超180亿平方米[2]，此外还拥有数量庞大的商务综合体、创意园区、孵化器等，我们将这些统称为产业中心。

在促进经济发展、吸引投资、推动产业升级、培育产业集聚等方面，这些产业中心发挥着极其重要的作用。所以，一方面，政府非常重视产业中心的发展；另一方面，在地产转向大运营时代，它们也将迎来一定的红利期。

在与黑石集团香港原董事总经理、现为中信产业基金董事总经理的张虎跃先生交流时，我发现他们这几年的投资方向主要集中在产业园和物流地产，这显然是趋势。

但是，有利的宏观机会也掩盖不了具体存在的问题。产业中心的成功很大程度上取决于招商，那招商的成功又取决于什么呢？所谓冷暖自知，我见到很多做产业中心开发、运营的人都"压力山大"，首先就是空置率这个逃不开的难题。

---

[1] 数据来自智研咨询《产业园》。
[2] 数据来自明源不动产研究院《2024不动产市场展望》。

怎么解决空置率？我们可以试着用马斯克极为推崇的思维模式"第一性原理"来思考这个问题。

产业中心需要的是吸引好企业、留住好企业。有好的企业，就有好的人才奔赴；有好的人才聚集，就有好的企业来入驻，从而形成良性循环。所以，从硬件、软件上为企业和人才做好服务，是产业中心的首要任务。

那么，产业中心应该怎样服务企业呢？从硬件来说，有三点是核心：

第一，商务形象：包括外立面、广告位、亮化工程、大堂、电梯厅的装潢设计，要尽量展现高端、大气的风格，以此来衬托入驻企业的实力。

第二，必备配置：包括电梯、空调、洗手间、电力、网络、安防、停车等，这些涉及企业的实际使用需求或企业员工的使用感受。

第三，配套设施：包括大会议厅、路演中心、餐饮接待场所，甚至还有园区中的中试车间、实验室、3D打印室等，可以为企业提供便捷的服务。

而从软件来说，需要加强的是企业服务中心的建设，主要提供政务绿色通道服务，以及企业加速器服务（包括各方面培训、指导、资源对接等）。

同时，产业中心应该怎样服务人才呢？我从硬件和软件两个方面来剖析。

从硬件来说，重点在于完善的配套，包括绿色及艺术环境、自由放松空间、食堂、图书馆、运动设施、人才公寓等，具体可以参考谷歌、亚马逊等科技园区提供给员工的空间福利。

从软件来说，最重要的是精彩的社交圈，包括各种兴趣社群、学习社群、企业家社群等。就像我们离不开扎根的城市一样，是因为这里有朋友、有导师、有合作伙伴、有稳定的社交关系。

在罗德·瓦格纳和詹姆斯·哈特的《伟大管理的12要素》一书中，他们研究了1000万个企业员工和管理者，并在调查数据中发现，在影响员工满意度的12个主要因素中，有一个非常重要的因素——在企业中至少有一个好朋友。而产业中心作为放大的企业空间，亦同理。

综上所述，社群对于产业中心的发展是极为重要的一环。而根据我以往的经验，社群建设甚至可能是产业中心的终极竞争力。

为什么这么说呢？以我在负责EFC营销策划工作期间，曾经深度参与指导的G5海归创投社群为例。G5取义自global，是一个布局中、美、英、加、澳五国的创新创业社群。在"互联网之都"杭州，G5以国际视野和全球资源，构建了一个集聚创业者、投资人、知名大企业、全球名校实验室和顶级孵化器、加速器的国际领先创新生态系统，并通过大量创新活动的落地、生态资源的集聚和赋能，让G5总部所在地EFC一跃成为当时杭州最受国际人才青睐的创业首选地，以及互联网工程师们的社交中心。所以，正是得益于G5社群运营，EFC形成了独具特色的"海归社区+互联网社区"的企业与人才生态，也吸引了阿里巴巴、抖音、快手等互联网巨头企业及众多独角兽企业入驻。

产业中心的硬件可以复制，企业服务中心可以复制，但企业与人才生态却很难复制。这就是社群之于产业中心的独有的价值和意义。

更进一步思考，产业中心怎样才能具有社群生长的土壤呢？

这涉及两个方面：空间和人。只有适合的空间，才能让产业中心和社群产生联结，实体和精神形成契合的共同体；只有适合的人，才能以产业中心为场景，推动社群发展的故事线。那么，具体应该怎么做呢？

社群精神的空间营造

我想讲的案例不是来自产业中心，而是一个度假地产项目，但对于产业中心来讲，可供学习、可供借鉴的价值实在太大了。

在网上，能搜索到很多"孤独图书馆"和"阿那亚礼堂"的照片。那是在海边的一大片沙滩上孤零零的建筑，成为代表某种精神内涵的空间。在图书馆中，阿那亚做家史计划，帮助业主找回传统的家族记忆，让图书馆变成一个家族博物馆；在礼堂里，阿那亚举办孤独诗会，让参与者从诗歌中找到心灵的安放之地；在美术馆，艺术和早餐结合在一起；在海边足球场，运动无关身份、地位。[1]

阿那亚的精神空间系统和业主的生活需求息息相关，再用审美标准将之升华，使之成为独特的记忆点，并体现阿那亚的价值观。于是，很多人渴望到这里，愿意来这里。这就是社群生长的土壤。

同样，产业中心也需要考虑社群的需求，并通过空间品位

---

[1] 地产创新研习社. 听完这个楼盘的故事，我感觉传统营销总要失业了[EB/OL]．（2023-12-12）[2023-12-20]. https://www.sohu.com/a/63535586_391159.

与精英们产生精神的共鸣。

交流的需求：这一点可以参考大学和科技公司总部。在麻省理工学院，到处是大草坪和草坪上围坐交流的人群；在亚马逊公司总部，大台阶已经成为最有标志性的互联网人交流场景。广场、大堂、图书馆、咖啡馆等，凡是有特色的空间，都可以作为交流场所。

关键词：大草坪、广场、大台阶、大堂、图书馆、咖啡馆、茶室、清吧。

分享的需求：据观察，大部分的分享类社群活动参与者规模为20人、50人、100人、200人，这就需要有相应的会议室、多功能教室、大会议厅。如果高级一点，可以配置4K高清大屏、视频会议功能等。

关键词：会议室、多功能教室、大会议厅。

协作的需求：专业的路演中心有评委席、观察席、嘉宾席，有提词器，有同声传译，有投票系统等；专业的议事大厅会设计成圆形、弧形，便于讨论；专业的工作坊空间有按组排布的大工作桌，适合小组协作。

关键词：路演中心、议事大厅、工作坊空间。

这些不同面积、不同功能的空间，为社群活动提供了必要的场地，使得他们愿意来、希望来。

社群发展的人员配置

首先，要有岗位责任制。只有具体的人对产业中心的社群发展负责，社群才有可能真正推动。其次，负责人要有社群基因，喜欢分享和交流，有利他精神，乐于奉献，有凝聚力。

一般来讲，社群运营是3~4人为一个作战单元，但有的产业中心配置1~2人也未尝不可。譬如在EFC，其代表社群即G5海归创投社群只有2人运营；在全国知名的漕河泾高科技园，其官方社群即InnoClub创业者社群只有1人运营。运营人员少并不妨碍这些社群做得有声有色，重要的是用心去做。

总之，适合的空间、适合的人形成产业中心的社群基因，能让社群在这里蓬勃发展，并形成独具特色的企业与人才生态。

大企业的社群情结

在硅谷山景城的海岸线圆形露天剧场，每年的谷歌I/O开发者大会都是一场科技的狂欢。身临其境是一种怎样的体验？常鸣回忆起参加I/O大会的情景，感觉就是两个字：幸福。

常鸣是谷歌开发者社区（Google Developer Group，GDG）的城市负责人，在南京、杭州各四年，负责运营GDG当地社群并组织相关社群活动。2019年正好谷歌总部有邀请名额，他得以全程免费飞往美国参加I/O大会。让他记忆深刻的是那次在机场过安检特别快，因为I/O大会的影响力很大，就连安检人员都知道。他第一次去那么远的地方，现场接触的又都是来自全球各地的人，彼此热情交流，那种感觉非常奇妙。

我问常鸣为什么能坚持这么多年参与GDG，他跟我讲了这件往事，并将这份坚持归结为热爱。是的，我能体会到其中对技术、对多元文化的热爱。而这也是几乎所有技术社群成员的特点：科技是一种信仰！没有什么能敌得过热爱！就像"密码朋克"社区聚集了一批技术狂热者，包括维基解密创始人阿桑奇、"万维网之父"蒂姆·伯纳斯·李、神秘的"比特币之父"中本聪等。

你以为只有科技精英和科技爱好者是技术社群的拥趸吗？事实上，企业巨头们才是最热衷技术社群的。

谷歌有GDG，脸书有Developer Circles，微软有Microsoft Community，苹果有WWDC（Worldwide Developers Conference，全球开发者大会）等，这些巨头通过社群与全球开发者联系得非常紧密。甚至就连高管也亲自投身社群，譬如微软执行副总裁斯科特·格思里，这位领导微软云与AI事业部的IT界著名意见领袖，就多次穿着他标志性的红色Polo衫参与了全球各地的社群活动、交流、聚会、听取社群成员们对微软产品的意见。①

然而，为什么这些大企业愿意纷纷投入很大精力，以及投入高达数千万美元，支持技术社群发展，培养社群意见领袖呢？这是因为技术社群可以起到如下四点重要的作用：

第一，对外推广。每次社群活动都是一次植入产品或服务的传播机会，社群意见领袖们在活动视频中侃侃而谈，对一般消费者往往有很大的影响力，可以起到推广产品或服务的作用。

第二，发现创新。社群中总会涌现一些创新型的初创团队，思考一些绝妙的创意、有潜力的方向。支持社群发展的大企业就会第一时间发现这些创新并进行孵化，从而打造自己的创新生态。

---

① 李小瑛. 社群领导力［M］. 北京：现代出版社，2021：52.

第三，挖掘人才。参加研讨会、创业大赛、黑客马拉松等，从社群中挖掘有潜力的人才，尤其是那些社群意见领袖。他们往往就是业内顶级人才，是大企业极力争取的对象。

第四，产品内测。社群中的KOC（Key Opinion Consumer，关键意见消费者），一般是产品的重度用户，能够对新品开发和产品迭代提供精准有效的反馈信息。①

除了以上纯技术的社群外，一些科技"大厂"还支持"校友"社群的建设，譬如阿里十派（阿里在职员工社团）、阿里青橙会（阿里校友组织）、华友会（华为校友组织）、字友会（字节校友组织）等。因为这些社群成员都具有"大厂"背景，所以社群也带有明显的互联网基因。这些"校友"类型的产业社群，能为"大厂"带来怎样的积极影响？我以"阿里十派"为例来分析一下。

"FUN文化"是阿里文化的最大特色。那最能代表阿里"FUN文化"的是什么呢？在圈外人看来，可能是武侠文化；但在阿里人心目中，则要数大名鼎鼎的"阿里十派"了。②

---

① 李小瑛. 社群领导力[M]. 北京：现代出版社，2021：69-72.
② B哥的号. 每年有数万阿里人，争相加入这个神秘组织[EB/OL]. （2021-06-24）[2023-12-22]. https://baijiahao.baidu.com/s?id=1703456455302407821&wfr=spider&for=pc.

在阿里园区内，又酷又飒的是机车派，楼顶体育场的最美风景线是瑜伽派，和乔布斯有同一爱好的是冥想派，活跃在西溪园区8号楼前小花园的是田园派……从各个兴趣派的口号，也可以一窥精彩——

足球派：中国足球需要我们来拯救！

摄影派：美，光发现不行，还得留下！

图2-1 "阿里十派"

"阿里十派"从诞生到现在，据说有小20年的历史了。最初是10个派，现在已经多达40个派，但"阿里十派"的名称一直沿用至今。其中，大派如户外派等，会员人数多达两万多人。每年阿里巴巴西溪总部园区内都会有一个隆重的纳新仪式，新成员可以现场报名加入；很多离职的阿里"校友"仍积极参加"阿里十派"的活动。

拿阿里巴巴官方的话来讲，"阿里十派"就是"文化的传播机""快乐的制造者"。一方面，"阿里十派"让阿里巴巴的员工们更有凝聚力，更有"快乐工作、认真生活"的劲头。另一方面，"阿里十派"甚至能够吸引外部人才加入阿里巴巴，因为各个兴趣社群不仅联结了在职员工，还联结了"校友"，联结了他们的朋友，尤其是各个"互联网大厂"的精英们。

此外，"阿里十派"在活动中也提升了阿里巴巴的企业形象。譬如天文派与杭州市天文学会合作，给一些项目提供云计算算力支持，以及去乡村开展和留守儿童一起打造天文望远镜、观察星星等活动，体现了一定的社会价值和社会责任。

所以，无论是服务人才、吸引人才，还是社会公益联结、品牌形象提升等，支持"校友"社群建设，对于大企业的发展无疑有很大的帮助。

无论是纯技术的社群，还是具有"大厂"背景的产业社群，都与大企业形成共生、共创的关系。譬如百度、科大讯飞等除了有自己的社区生态，也会赞助AI开源学习社群Datawhale、前端学习社区早早聊等，进行多层次的合作。

推而广之，每个大企业都应该发展自己的企业文化社群，以及支持与自己的企业文化相近的产业社群。大企业、社群、社群成员，三者必将走向共同成长之路。

人才、技术、资本的赞歌

马斯克在X[①]上的一句话可以成为新闻，AI的一个新应用可以吸引无数人的目光，资本的故事可以成为全社会津津乐道的话题。这些背后有同一种力量：媒体。

在宣传新经济、新技术的过程中，媒体为了扩大影响力，纷纷从线上走到线下，通过产业社群加深了与目标受众的联系，同时收获了启蒙时代的红利。

《麻省理工科技评论》（*MIT Technology Review*）创刊于1899年，是世界上最古老的技术杂志及影响力最大的科技商业化智库之一。2016年《麻省理工科技评论》落地中国，由DeepTech深科技独家运营，为中国科技从业者带来与全球800万科技领域研究者、从业者及商业领袖进行前沿科技国际化交流的机会。

《麻省理工科技评论》在中国的联合出版人陈禹杉很有哲科思维，对新兴科技商业化和科技的社会价值都有很深的理解。他们举办了大量有意义的活动，包括中国"十大突破性技

[①] 2023年马斯克把Twitter（推特）更名为X。

术"发布会、中国"35岁以下科技创新35人"颁奖等,建立了一个以新兴科技圈层、海归创业者为主的大社群。

因为理念相同、气质相近,我当时参与指导的G5海归创投社群与《麻省理工科技评论》在中国的陈禹杉团队进行了深度合作,包括一起打造新媒体平台和联合举办"智慧建筑加速器"等活动。很感谢陈禹杉团队为G5带来的贡献,他们使G5海归创投社群在活动和内容上更精彩了。记得当时我们一年要举办数十场活动,包括项目路演、ESG会客厅、创业Talk、国际派对等,很多人在这个社群中从陌生变熟悉,后来成为合作伙伴。因为他们同属于名校毕业,有着高学历和国际视野,而且都在高质量的创业创投圈,自然地相互信任、彼此支持。

可以说,科技商业媒体在打造产业社群上有着天然的优势,链接了无数人才、技术、资本,掌握着一手产业讯息、经济解读等。所以,包括创业邦、36氪、钛媒体、甲子光年、虎嗅等一众媒体,也都在社群上做得风生水起。

那么,是不是只有科技商业媒体才能做产业社群呢?当然不是。

天下杭商总会是由杭州日报报业集团牵头成立,宗庆后先生作为荣誉会长,以弘扬杭商精神、打造杭商品牌、整合杭商圈层为宗旨,利用新闻媒体的优势和资源,打造共建、共融、共享的平台。在天下杭商总会，汇聚了来自不同行业的杭商代表，他们相互交流、学习，共同对外合作等。

我曾经和天下杭商总会深入合作过，他们的成员不像科技商业媒体的社群成员那么年轻、国际化，而是以成熟、成功的企业家为主。其活动更偏考察交流、心力修行等，并且借助杭商大学的资源，不乏深度主题分享。

这是一个媒体即社群的时代。产业社群可以说是很多媒体的第二增长曲线，尤其是创业黑马（一个融媒体、商学院、创新服务平台为一体的机构）已成为科创服务领域的第一家A股上市企业。

媒体的未来需要产业社群。

未来超级个体的成长

什么是超级个体？有很多种定义，但不外乎具有超越常人的能力、影响力，获得超乎想象的成果等。天才自古有之，为什么超级个体成了如今热议的现象呢？因为平台赋能，流量时代见证了超级个体的崛起。而换一个视角，产业社群不也是社会层面的人才赋能平台吗？

UNO是我的一个下属，00后小女生，本科就读于中国台湾地区的中国文化大学，硕士就读于英国爱丁堡大学，她非常有灵气，学习力很强。有一天UNO跟我说，她可以组织一场海峡两岸青年创新创业交流活动，加强我们EFC的创新人才交流互动氛围。我当然非常支持，同时也很好奇，她怎么会有人脉资源牵线海峡两岸的合作呢？于是，UNO详细地给我介绍了她所在的中国文化大学上海校友会，以及在那里认识的学长所给她的指导和帮助。

2021年UNO硕士毕业，准备回国工作，她先联系到一位在上海工作的学长，当时就是想要回到校友圈子。学长很热心地把她介绍给上海校友会外联秘书长，填了一份申请后就正式入群了。到现在她还记得，刚入群时秘书长隆重介绍，学长们热情欢迎，仪式感挺足的。

在校友会群里，UNO一开始比较拘束，觉得学长们工作多年，有一定身份、地位，而自己只是一个刚毕业的学生。在每周三晚的视频茶话会，大家都鼓励小学妹发言，学长们也常常会参与年轻人爱玩的剧本杀、烘焙等活动，UNO因此渐渐融入了校友会大家庭，在阅历丰富的学长们身上学习到了很多。

其中，校友会的会长是J．P．摩根公司原高管，并担任了上海大学创业导师，给了UNO非常多的人生指导。得知UNO正在联系中国台湾地区的高校团体访问大陆事宜后，会长主动提出可以致辞，并为UNO引荐了重量级嘉宾。用UNO的话来讲，就是"感觉一下被推到了一个更广阔的资源平台，一个更丰富、更热心的群体当中，大家都很接纳我，非常有成就感"。

另外，此次中国台湾地区高校杭州行的带队导师，正是UNO读大学时非常关心、照顾她的老师。那种感觉就是当初那个小女生已经能独当一面，以官方合作的形式迎接老师的到来，彼此心中都是温暖又欣喜的。

所以说，校友会社群带给UNO什么呢？是人脉的接触，是工作上的成熟。想想看，她当时才毕业不满两年。

蕾蕾是GDG杭州的组织者之一。她还没有加入GDG时，曾经有一次参加了谷歌WTM（Women Techmakers）活动。听到台上那些女性技术工程师的精彩演讲,她心里就暗暗想:明年,我也要上台演讲。

在技术社群内,大家的沟通都是开放和平等的。蕾蕾加了好几位演讲嘉宾的微信好友,与她们进行了很多交流,也得到了很多的启发。按她的话说,她当时很有精神信仰,认同开发者关系是有价值的。所以,当有机会加入GDG时,她毫不犹豫地申请了。在2023年谷歌DevFest(开发者大会)上海站上,谷歌开发者关系部门负责人、谷歌华东区负责人等高管出席,蕾蕾终于可以面对面跟这些资深人士沟通,了解开发者生态的一些本质和运作经验。

可以说,高密度人才社群激发了蕾蕾更大的学习热情,通过交流,她有了更高层面的认知。现在,她已经能和技术专家们侃侃而谈,组织数百人的技术社区活动也不在话下。

我又想起同学TK跟我说过的案例。他是CPE源峰(中信产业基金)的董事总经理,曾在德勤、高盛等金融机构工作过。他说发现一个现象,那些公司每有面试,在小组面试脱颖而出的大多是有海归背景的学生,而国内名校学生则表现一般。

这是为什么呢?我觉得是社群的力量。国外大学普遍重视社团、交流、协作,而国内教育却很少涉及怎样成为团队leader(领导)、怎样合作推进一个项目。从某种意义上,我认为一个人在社群中学习成长，和国外留学可以起到一样的效果。尤其对于年轻人来说，参加各种产业社群，认识的人和学习到的东西可能将是面试中最生动的部分。

综上所述，"学习者"在产业社群中可以获得什么呢？我觉得主要是三点：一是信息差；二是认知力；三是人脉圈。

如果不是初入社会的"学习者"，而是有能力、有资源的"资深者"，在产业社群中又能获得什么呢？

覃博士是惠普公司前全球策略负责人，有传奇的人生经历，并且非常乐于分享。他的人生一直和科技、艺术相伴，也做了很多商业化项目。他年轻时在中国台湾地区开了一家设计公司，叫"阅读城市"；后来到瑞士欧洲大学任教，机缘巧合下对时尚买手产生兴趣，发展出买手电商的专业课程，为后来签下很多艺术家和设计师、孵化独立设计品牌埋下了人生的伏笔。

在硅谷工作，则是他与科技结缘的开始。回国后，他在宁波经营过纳米材料厂，在南京投资过光学薄膜厂，觉得管理1000多人的压力太大，于是转向区块链应用项目（碳交易认证）。我和覃博士也正是在一次碳中和主题的论坛上认识的。

基于非常丰富的阅历，他有很多睿智的观点，譬如"文艺复兴时期设计是相通的，因为根基是美学""教授也是从前人的经验汇集成的那本书去讲解，我们只是帮学生读书而已""Leadership is to earn,It's not to be given(领导力是赢得的,而不是给予的)"等等。

在覃博士眼中,各地的产业社群也各有特点。在硅谷,他们常常拎着一个brown bag(便当),找一块草地,就可以开始交流。在国内,开会一定要关注形式,一定要筹备很多。而在网络上,大家更包容,不像线下会议经常以人废言,有人就是喜欢驳斥别人的观点,只为了表现他的存在感。这些都是很有意思的观察。

我问覃博士,总是看到他活跃在各大论坛上,参与年轻人的社群,为了什么呢?他想了想,告诉了我几点:第一,时代变化太快了,终身学习是必须的,可能年轻人讲了一个点,自己不懂,那晚上可以自修学习;第二,看得懂跟能说出来是两回事,所以需要分享;第三,能帮助一些年轻人,让他们少走一些弯路是很开心的,因为现在很多年轻人值得赞赏,比自己年轻时优秀,希望他们能变得更优秀。

当然,覃博士没提到出席一些重要论坛和重要社群活动,让他的影响力也越来越大。他目前是业内知名的青年创业导师,曾与国内外多个产学研单位合作并担任顾问。同时,我能感觉到在很多场合的分享中,覃博士既是分享者又是学习者。通过听众的反馈,他也不断完善了自己的思想认知和项目模式。

所以，"资深者"在产业社群中获得的主要是影响力和认知升级。就像谷歌的GDE（Google Developer Experts，谷歌开发者专家），微软的MVP（Microsoft Most Valuable Professional，微软最有价值专家），很多专业人士都成了社群意见领袖。

当然，除了"学习者""资深者"外，社群中还有一类人是至关重要的。那就是社群的创始人和主要运营负责人，可以称之为"领导者"。他们从社群中能获得什么呢？

我和胡伟（花名：钟鱼）是由阿里巴巴公益基金会的一个朋友介绍认识的。和他的第一次合作是我们一起举办了一个工程师文化沙龙活动。那天他把阿里校友联合会青橙会所有派头都带来了（阿里巴巴体系中有很多兴趣派，譬如户外派、武侠派、读书派、投资派等，牵头的人就叫派头）。我们交流得非常愉快，而且一个小时后我就记住了19个派头的名字，因为每个人都很真诚、有专业高度、有人格魅力。他们共同的身份标签是阿里巴巴"校友"，代表了互联网头部精英人才，并且彼此有信任的纽带。

钟鱼把阿里校友联合会（青橙会）运营得如此之好，我认为一个很大的原因是他具有哲科智慧，又能知行合一。钟鱼自信地说："在国内，比我更懂'大厂'校友会的应该不超过100人。第一，要干过8年；第二，要发展到6万会员的体量和规模；第三，要有强大的理论和生产经营体系。"

为了全身心投入到阿里校友联合会（青橙会）的组织体系构建上，钟鱼说他曾经在公司睡了11个月，只为让自己保持高度专注。功夫不负有心人，现在他已经打造了一个庞大的分布式协同的社群架构，包括数十个兴趣派、全球子社群、垂直行业和垂直人群委员会等，并确定了高度协同的300多位核心伙伴。

我曾经问钟鱼，阿里校友联合会（青橙会）的创建和发展最重要的因素是什么。除了阿里标签、阿里母体文化的洗礼和熏陶外，他说了一个词：坚持。

大量的公司、组织或社群都会面临优胜劣汰，有一些会衰朽和崩溃，也有一些通过迭代和进化活下来了。底层的力量还是来自坚持，不断守正创新，尽可能把自己触达的边界和事务做到突显甚至极致。当然，这个过程的自我激励、正反馈也很关键。譬如，2022年钟鱼获得"阿里巴巴公益榜年度公益之星"，得到了官方的认可，但大部分时间是需要耐心等待开花结果。

钟鱼希望阿里校友联合会（青橙会）是一个真正意义上的互助协同网络，大家在这个社区可以相互帮助，彼此滋养，一起终身学习，共同对抗熵增。如果更多的"校友"参与这个组织的运营和建设，加强制度化和数字化，坚持利他，阿里校友联合会（青橙会）就一定会走向集体涌现的新阶段，成为一个面向未来的"校友"会，成为行业典范。这是钟鱼坚持的信念。

和钟鱼交流，总是能感受到他深刻的思想，植根于社会学、管理学等精粹文化，也闪耀着使命感的光辉。我想，他在社群中获得的主要是事业成就、领导力，以及影响和帮助更多人。

凯文·凯利曾经在《技术元素》里面提过一个著名理论——1000个铁杆粉丝理论。只要你有1000个铁杆粉丝，无论你有什么创作（产品），他们都愿意花一天工资来买单，你就能实现生命自由。

那么，凭什么能拥有铁杆粉丝？在哪儿可以收获铁杆粉丝？也许产业社群可以给我们答案。未来的超级个体将在产业社群中进阶。你准备好了吗？

第二部分

从零打造产业社群

打造一个高密度人才的社交与协作网络,对创始人来讲具有非凡的意义,意味着将集聚更多的资源和机会,当然也会面临很多的挑战。所以,我们要有成熟的方法论,要借鉴成功的案例,才能真正用好产业社群,发挥"平台、圈层、聚变"的效应。

第三章　顶层设计技巧

怎样才能站在全局高度规划产业社群的整体方向，并奠定未来发展的基础呢？顶层设计是一个很好的方法，在统筹考虑产业社群创建的各个层面和各个要素的基础上，可以做整体性、可持续性的考量和资源的优化分配。

在本章，我将着力解决六个重点事项：定位、文化、目标会员、组织结构、社群成长策略、社群公约。因为，只有回答了"我们是谁？社群存在的意义是什么？谁来与我们为伍？怎样管理？目标是什么？什么该做且什么不该做？"这些问题，产业社群才有坚实的存在基础。

产业社群的定位

产业社群要服务哪些人（目标会员）、团结哪些人（生态合作伙伴），要在社会上有更大的影响力，应该有清晰的定位。

定位最重要的是什么呢？营销理念中，定位就是在消费者心智中区隔竞争，成为某品类的第一，譬如"怕上火喝王老吉""累了困了喝红牛"。当消费者有需求的时候，首先跳入脑海中的品牌就意味着找到了一个好定位。

可以看出，定位分为两个层面：一是可解决实际问题，并且最好是痛点问题；二是在细分品类中争取做到第一，从而在目标人群心中占据一席之地。

怎样通过定位让一个产业社群脱颖而出呢？首先要做全面分析，这里介绍一个有意思的方法——"你我他"分析法。

首先，看"你"，也就是看发起人和联合发起人。

第一，"你"成立社群的初心是什么？

有人是从一个社会目标出发，希望聚集志同道合的人，群策群力，推进相关专业事项；有人是想通过产业社群来增加个人或机构的影响力，为自身业务带来人脉和机会；还有人是基于商业化目的，以服务和变现模式为着眼点。作为一个组织，产业社群无论公益化或商业化，都是立足于解决某个社会实际问题，对社会发展而言是殊途同归的。为什么要成立产业社群？这与发起人的初心紧密相关，也是必须首要考虑的。

第二，"你"有什么有利的资源？

基于创建产业社群的初心，发起人需要评估自身已有的资源，包括职场资历、专业成就、知识技能、人脉、金钱、时间，以及可以为产业社群赋能的案例资料库、线下活动场地等。譬如，是否有官方机构、知名NGO（非政府组织）、业内大咖为社群背书，或直接参与社群建设？是否有某些铁杆好友支持，可以轻松拉到种子会员？或者有硬件条件较好的活动场地，可以作为社群的基地？此外，关于知识技能，一位知识星球[①]群主亚楠曾经说过一句话："只要你能回答某个领域或行业的1000个问题，就有机会成功运营一个社群。"总之，拥有有利的资源往往会让社群更容易创建，更好地发展。

其次，看"我"，也就是看目标会员。

第一，社群初心需要找怎样的目标会员？

社会身份是什么？经济实力如何？有哪些兴趣爱好？最好能描摹出目标会员身份特征的详细画像：区域、行业、年龄、

---

① 知识星球：一款知识社群运营工具，帮助内容创作者联结铁杆粉丝，做出品质社群，实现知识变现。

喜好、毕业院校、重要身份标签（譬如创业者、上市公司董监高、互联网工程师等）。也就是"我"所代表的人群，需要与社群的初心相吻合，这才是社群需要争取的目标会员。

第二，社群可以解决"我"什么问题？

只有解决问题、创造价值，社群才有机会被需要。产业社群也同样遵循"价值—需要"法则。这就必须深入了解目标会员在人生、事业、工作与生活上的困惑、焦虑及梦想。哪怕解决其中一个痛点、一种需求，也会赢得目标会员的支持。尤其对商业化社群来讲，未来"你"能否通过交付一定的价值而向"我"收钱呢？譬如提供AIGC（人工智能生成内容）内部学习资料，又或者打造头部电商高端社交圈子等，都会吸引相应人群积极参与。也就是说，好的产业社群需要具有一定的"工具性"。解决的问题越重要，受影响的人越多，那么社群的影响力也就越大。

最后，看"他"，也就是看对标社群。

第一，"他"发展得怎么样了？

虽然产业社群不需要像市场商战一样处处竞争，但有比拼意识、赶超精神无疑是社群能够发展得更好的关键。尤其是目标会员有一定重合的对标社群，"你"要关心"他"的会员规模、会员层次、结果沉淀、商业化成就及影响力等。"他山之石，可以攻玉"，如果"他"做得好，有什么可以借鉴？如果"他"做得不好，自己怎样才能避坑？

第二，会员选"你"而不选"他"的理由？

产业社群的运营具有很多共性，包括类似的活动形式，譬如沙龙、论坛、游学等，每家社群都在做。那"你"怎样才能吸引目标会员呢？是硬实力够强，譬如活动场地、运营经费胜人一筹？还是软实力占优，譬如发起人有号召力、专家资源多？或者是社群定位、愿景、使命等让人更有共鸣？总之，要想清楚自身社群有什么样的资源、特质更能吸引目标会员。

基于以上三个维度、六个方面的分析，我们就会有全局的视野和客观的判断：在未来1~3年内，想打造的产业社群能不能高概率地做出来？这很重要。

在全面分析的基础上，下一步就是要提炼出清晰、精准的产业社群定位。具体怎么做呢？有以下三种经典方法：

第一，差异化。

什么是差异化？就是有价值壁垒，于目标会员有价值，而竞争社群又很难在短时间内做到。譬如同样是海归社群，U8的特点为它是由哈佛大学、牛津大学、剑桥大学等全球8所顶尖高校的中国学子创办的组织，具有全球顶尖学府资源和顶尖人才优势；而杭州全球青年人才中心的特点为立足杭州，是放眼全球的海归大本营，具有杭州当地政府、公共机构等对海归人才的资源支持优势。所以，价值壁垒就是它们最精准的定位。

第二，聚焦。

可以聚焦产业，譬如：贝壳社是专注医健行业的O2O创业服务社群，Datawhale是专注AI领域的开源学习社区；也可以聚焦人群，譬如：阿里校友联合会（青橙会）是服务阿里巴巴"校友"的交流互助社群，浙商总会是由浙江籍商界人士共同成立的商会组织。

需要强调的是，聚焦的精髓是以缩小半径而获得资源集中优势。怎样缩小半径呢？如果我们拆解产业生态圈的构成，其至少包含政府、资本、人才、高校及科研机构、上游供应链、生产或服务平台、市场销售、下游应用领域等八个维度，产业社群可以定位整个产业生态圈，也可以聚焦定位其中一个维度，从而更有针对性地为会员提供服务。譬如社会上已经有了浙商总会，那可以考虑成立杭州商会；如果杭州商会也有了，则可以考虑成立西湖会。因为产业社群大有规模优势，聚焦有服务优势。

第三，升维。

如果一个产业社群有足够的优势和信心，可以通过"首个××社群""××头部社群"等展现社群的领先性和实力背景,实现振臂一呼的效果。譬如硅谷首个华人工程师社群、"互联网大厂"校友头部社群等,也是一种非常有效的定位。当然,必须注意的是,社群发起人应避免好高骛远、言过其实,否则很难在定位上有效占领目标群体的心智。所以,升维定位是个好方法,但需要慎用。

下面我以浙江建工地产集团的E Club为例,说明一下产业社群定位分析和定位方法的运用。

当时我正在建工地产的集团总部任职,负责杭州EAC(Euro America Center,欧美中心)、EFC、EIC(Euro America Innovation City,欧美创新城)三个超级商务综合体的营销策划工作。我的好朋友、博信家族办公室的董事长谢总非常热心,建议我做一个企业家俱乐部。因为在我们的综合体中有几百家非常好的企业,如果把大家聚在一起,把人脉、资源链接起来,可能会产生很多合作。更重要的是,当时我们的集团总裁也对俱乐部社群营销寄予了厚望。所以,我和谢总一拍即合,决定发动各自优势,合作打造企业家俱乐部。

可是,面临的第一个问题就是我们平常接触的企业家俱乐部已经很多了,要怎样定位才能脱颖而出呢?当时我们在筹办的微信群里讨论了很久。

首先,我们明确创建企业家俱乐部的初心就是通过打造高端社交圈，触达、服务高净值会员，从而创造赋能现有业务（不动产租售、家办服务）的机会。

其次，因为我们最有利的资源除了家办的高端圈层外，就是综合体园区中已有的大量目标会员，这种基于地理的亲近关系有助于我们快速建立这些企业家的联结。于是我把园区已入驻企业进行了梳理，分为三大类：一是需重点维护的品牌企业；二是有实力的企业；三是有特色资源、可联动的企业。梳理了这些信息，我心里更有底，因为初始会员有着落了。

可是怎样才能把这些目标会员组织起来呢？他们对什么感兴趣？我设计了一份调查表，请物业部门联系相关入驻企业，采集企业需求。事实证明，这是一项看似正确的工作，但对于企业家俱乐部的创建帮助并不大。因为在没有商界大IP[①]号召力的情况下，想要获得企业家们的热烈响应难度确实很大。所以，我只能拿出自己的真心进行企业走访，向企业家们当面请教，提出定制的合作共创计划进行讨论，这样才对目标会员有了更深入的了解。

结合以上的工作，再对标我们圈子中的海投会、浙上会[②]

---

① IP（intellectual property），直译为"知识产权"，在互联网界引申为所有成名文创（文学、影视、动漫、游戏等）作品的统称。

② 浙上会的全称为浙江上市公司董监高西湖会。

等企业家俱乐部，我认为我们的"差异化价值"就是"睦邻价值"，目标会员以EAC、EFC、EIC综合体入驻企业的企业家为主，所以就有了"E系微城市企业家俱乐部"的定位和"E Club"的诞生。关于"E"，一方面体现了这是以睦邻关系为纽带的企业家社群，另一方面E是精英（elite）的英文首字母，我们把身价半亿以上作为高级会员的门槛。

回首E Club的定位及其后的运营，我很认同一个观点：先为某垂直人群解决好一个问题，然后再做大影响力。譬如对E Club来讲，在社交场景打造基础上的资源对接就是一个很好的切入点。而这一切都基于定位的精准、清晰。

总之，定位是产业社群的根本，是检验产业社群是否能走向成功的重要因素。

社群文化和形象体系建立

文化是产业社群的灵魂，形象建设是社群文化的外在体现。

首先，一个产业社群是否有号召力、影响力，命名是非常重要的，好的名称具有第一印象的优势。我经常用的命名方法遵循"三好"原则：好听、好念、好记。譬如，G5（海归创投社群）以英文字母加数字来命名，非常简洁、国际化；黑马营（创业服务平台）以具有精神象征的动物来命名，很形象化、很容易形象延展；中国电子商务协会、杭州全球青年人才中心等则基本以定位来命名，一目了然、大气又朗朗上口。

有了名称，其次要考虑的就是slogan（口号）。一般而言，一句好的产业社群slogan应该是结合社群创建初心，传达社群的使命或愿景，这样才能凝聚会员共识，并吸引更多志同道合的人。那什么是使命和愿景呢？两者都泛指奋斗的目标，不同点为：使命是社群所追求的意义和责任，可以激励会员们的行动，就像阿里巴巴的"让天下没有难做的生意"；而愿景是社群对未来的憧憬，可以使会员们拥有更广阔的视野及前瞻的思考，就像阿里巴巴的"成为一家活102年的好公司"。在互联网时代，slogan越来越接地气。因为只有简洁明了、朗朗上口，又有内在力量的slogan才是最有传播力的。譬如Datawhale的"for the learner，和学习者一起成长"、飞马旅的"让创业好马翱翔"、正和岛的"助力企业家持续成长"，都极具感染力。而那些传统的、追求对仗工整、书面化甚至假大空的slogan，就很难让人产生共鸣。

在社群文化中，价值观也尤为重要。人以群分，社群作为一种弱关系组织，之所以能凝聚人，价值观的同频将发挥关键作用。所以，社群创立之初，就应该明确共同的价值观，欢迎志同道合的人加入。也就是说，我们既通过价值观凝聚人，也通过价值观筛选人。譬如诚信、包容、利他、公平等，都是人类美好的价值准则。而不同的产业社群中，有的技术至上，有的追求智慧，有的强调实践，有的充满理想主义，这都需要根据自身的信念制定不同的价值观。

以上是关于社群的名称、slogan、价值观的拟定。为了塑造鲜明的个性和文化，形象体系建设对于产业社群也尤为重要。就像那句经典的比喻："视觉的锤子，语言的钉子"，意思是宣传语要像钉子一样嵌入目标受众的心智，而好的视觉形象就是那把锤子。

在形象体系中，logo（徽标）作为视觉标志，是最重要和必不可少的。以传统设计而言，logo包含图形和文字，但随着互联网简洁美学的普及，从谷歌开始，纯文字logo渐渐成为主流。因为通过字体的设计，让名称本身成为logo，既兼顾了设计感，又简洁明了、所见即所得，更易于传播。[①]

图3-1　文字logo示例

当然，图形logo仍然有其独特的魅力，仍被广泛设计和运用。只是为了契合现代人的审美，图形logo也要求越来越简洁，越来越追求第一眼的辨识度。

图3-2　图形logo示例

---

① 杨飞.流量池［M］.北京：中信出版集团，2018：46-51.

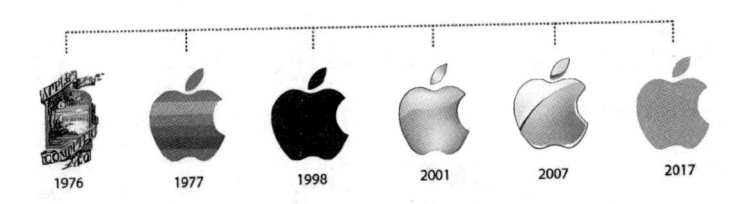

图3-3　苹果logo从复杂到简洁的演变史

值得学习的另一个趋势是，伴随极简审美主义，图形logo越来越倾向于使用单色或以单色为主，这样带来的好处就是品牌（产业社群）会有一个鲜明的主题色。在活动及宣传中，这个主题色可以被反复运用，成为强烈的品牌印记。譬如青橙会的橙色是源自阿里橙，很多活动都是以"橙就""橙心"为主题，并且大量使用明亮的橙色作为主色调，形成产业社群中极具特色的一道风景。所以，运用颜色并使之和产业社群之间的联系深入人心，是很有用的策略。在共享单车大战时期，摩拜小红车、OFO小黄车、哈啰小蓝车、青桔小绿车等纷纷登场，曾有人笑称颜色都不够用了。

除了logo和主色系外，辅助图形也是形象体系中的一个重要部分。其做法是把与产业社群相关联的视觉元素（包括logo）简化、抽象为设计中的辅助图形。就像可口可乐的瓶身、Burberry（博柏利）的格子图案、SpaceX的X一样，运用辅助图形可以增加产业社群的辨识度，凸显其文化特点，与众不同。

此外，为了丰富形象体系，我们还可以根据logo、主色系、辅助图形延展出产业社群的应用物料，包括旗帜、横幅、手举牌、胸徽、臂贴、领巾、文化衫等，以及衍生出一系列文创用品。

在实践中，由于很多产业社群都是在粗放中成长起来的，所以文化和形象体系都做得不够好，对于后来者来说，这正是脱颖而出的机会。就像乔布斯对待苹果产品的设计一样，我们要用极致的审美精神，把产业社群的文化和形象带上新的高度。

目标会员吸引逻辑

产业社群最需要面对一个问题：目标会员为什么要加入？或者说，他们为什么要花时间、精力甚至金钱来响应一个社群的号召呢？

首先，我们可以从价值层面出发，站在会员的角度来看看一个产业社群吸引他们的是什么，以及我们应该如何做。通过与数十位产业社群发起人的交流，以及对相关社群的分析，我把吸引目标会员的价值点总结为"三有四找"定律。

什么是"三有"呢？

一是有理念共鸣。

社群为什么能凝聚在一起？因为信仰、使命、愿景。记得我在访谈阿里校友联合会（青橙会）创始人钟鱼时，我们聊得最多的就是使命。尤其站在一个宏大的时代趋势面前，使命是历史责任也是历史机遇，可以让很多有相同见解的人凝聚、携手、共创。正如"团结阿里40万校友的力量，推动科技与商业文明的发展"是钟鱼们的使命，而"让更多人拥抱AI，迎接科技的革命性时刻"可以说是很多AI社群的使命。所以，能产生共鸣的理念（对时代的理解，对趋势的判断，对未来的使命和愿景，等等）可以触动并吸引目标会员。社群发起人需要有理念高度，提炼出自己的精神主张。

二是有认知价值。

投资界有一句经典的话："你永远赚不到你认知以外的钱。"所以，在这个快速变化的时代，每个人都有知识焦虑。过去所学还有用吗？不参加学习会不会落伍？同时，也会受困于信息茧房。大量嘈杂的信息哪些才是有用的？还有什么行业信息是我不知道的？MBA（工商管理硕士）、EMBA也许能解决一部分认知困惑和焦虑，但产业社群往往能带来接地气且更鲜活的知识、更及时的信息。所以，社群发起人需要考虑的，一是怎样能带给目标会员们更多有深度且实用的内容，二是怎样能打造更多头脑碰撞、交流的场景。

三是有示范效应。

人们总是会被相同群体或更高层次的人所影响，这是因为从众心理或信任权威。所以，社群发起人可以从两方面来加强对目标会员的吸引：一是在已有会员的基础上，绘制出"会员画像"（区域、年龄、职位等身份特征）。目标会员一看，"哦，原来跟我一样的人都加入了这个圈子，那我加入的话应该也会有收获的"。二是邀请有一定身份地位的老会员做证言式宣传，谈谈他们为什么要加入这个社群，以及在这个社群获得了什么。示范效应是社群推广中很重要的手段。

那什么是"四找"呢？

一是找客户。

很多人参加社群活动的一大目的是找客户，这方面在产业社群内有着得天独厚的优势。社群发起人可以定向邀请一些产业链上下游、有供需关系的人入群，并给他们创造对接的机会。

二是找朋友。

怎样才能让会员在社群内有相谈甚欢的朋友？怎样才能给会员传递情绪价值？社群发起人可以定向邀请一些有思想、有阅历的活跃分子加入，让有趣的灵魂相聚于社群。

三是找合作伙伴。

一个好的社群生态应该有各种性格、特长和背景的会员，大家能从中找到优势互补的人。譬如有资金的、有资源的、有执行力的、懂技术的、懂营销的、懂管理的，社群发起人要想办法把这些人聚到一起。

四是找向上社交的机会。

如果社群中本身就有会员是实力派人物、高知名度人士，又或者社群可以链接大企业等，那么目标会员也是非常乐意加入的。所以，社群发起人需要加强这方面的资源积累。

表3-1 产业社群中的人员社交阶层示意（纯社会理论研究）

层级	特点	企业端	资本端	学术端	公共端
一级	能较大影响一个地区或行业的发展	巨头企业家	超级富豪	院士、名牌大学校长	知名NGO负责人
二级	具有一定的社会影响力	大企业创始人及高管	知名投资人	知名教授、高校校长	泰斗级的医生、律师
三级	有自己的事业或一定的财富积累	大企业中层、中小企业主	实力投资人	高校教授	知名机构大医生、大律师
四级	社会的中坚阶层	大企业员工、小企业主	投资机构中层	重点学校老师	优秀医生、律师

以上"三有四找"是吸引目标会员的七个价值点，也是社群发起人需要努力满足会员需求的运营方向。有时，吸引目标会员其实只需要一个理由，甚至只要一个"身份标签"。对的人聚在一起，就会发生链接化学反应。因为优秀的人会相互吸引，成功会吸引成功。

那怎样才能让会员乐于介绍自己"我是××社群成员"，以及怎样让目标会员以加入××社群的身份为荣呢？最重要的有两点：第一，社群中最有身份、地位的有哪些人。第二，会员门槛是什么？也就是社群会员层次的上限和下限需要明确传达给目标受众，这很重要。

以财经大咖吴晓波老师发起的企投会为例

有理念共鸣

2017年吴晓波撰文《从今天起,有一类企业家叫"企投家"》,认为企投家兼具企业家和投资家两重身份,具有鲜明的两栖特征。一栖于钟爱的实体产业,使之迭代进步,永续发展;一栖于"非理性繁荣"的资本市场,让自己的财富在运动中增值。发轫于正在崛起的企投时代,以"成就卓越的中国企投家"为使命,企投会正式成立。

有认知价值

企投家成长营会员每年有6次、每次3天2夜的学习。学习内容包括三个部分:

一、与时代有关。站在未来看现在,邀请权威和极具视野的人,为会员解读这个时代的机遇与创富机会。

二、与企业的价值倍增有关。围绕新的周期如何开创企业新价值展开。

三、与财富成长有关。触及财富增长的核心问题,如何扮演和成为健康的投资家。

中国企投家PLUS会员两年有9次、每次3天2夜的学习。学习内容概况为"1+1+1"：

一、每次用1天的时间，聚焦一个企业进化问题：在全球范围甄选权威导师，为会员集中解决这些关键问题。

二、每次用1天的时间，看清一个未来赛道：从四个视角邀请导师（产业政策制定者、研究者、投资人、顶级选手）。

三、每次用1天的时间，为会员发掘赛道的投融机会：与顶级创投机构进行深度合作，帮助企投家迈出从知到行至关重要的一步。

通过特邀导师为企业实战辅导的"企投思享汇"，组织导师和会员碰撞交流的"企投思辨说"，全球名企游学的"企投深访行"等，都能给会员们带来有深度又实用的内容。

有示范效应

17年前，我的年薪就是2350万元，被称为"打工皇帝"；2004年，出现滑铁卢式的失败，遭遇了1035天的苦难，轰动全国。在吴晓波老师的《激荡三十年》里，我被定名为"江湖总裁"。但是今天我们见面的时候，他说我是一个典型的企投家。不同于传统商学院，企投会的课程很新，很接地气，很实在，绝对是值得参与的平台。

——陈九霖　约瑟投资/企投会二期会员

因为企投会，我结识了雷军。我在3家跨国公司工作过，2000年在中欧读EMBA，那时段永平（步步高创始人，持股OPPO/vivo）跟我谈起投资时，我觉得他不务正业。这两年，我深深感到自己无知。报名参加企投会对我帮助很大。我学习完一次课后，得出几点对"小米生态链"的建议，被老师拿给雷军看，然后雷军直接和我拉了微信群。

——王勇　美国保险商实验室（前）/企投会二期会员

可以找客户、找朋友、找合作伙伴、找向上社交的机会

一、企投相亲会：为企投会会员的优秀项目与资本方牵线搭桥。

二、企投私享秀：让会员有机会向其他会员路演分享自己在商业、人生中独一无二的成长故事，并矩阵式传播。

三、企投说/企投人物：通过深度采访、视频录制、案例出版、路演分享等形式，为会员提供分享、展示的平台。

通过私密交流的"企投私房话"、会员企业产品展示的"企投市集"等，帮会员创造更多链接与交流的机会。

会员身份标签

企投家（吴晓波频道企投会会员）

| 上市企业负责人 | 3年内拟上市企业负责人 | 年持续投资额500万元以上、具有投资意识的优质企业家 |

图3-4　企投家身份标签

分布式协同的组织管理

产业社群的运营管理是一项复杂的工作。尤其对于会员规模庞大的社群而言,更需要思考:有没有一种高效而灵活的方式来管理社群呢?

首先,我们看看社群管理的内容和职责。具体包含以下四个方面:

一、社群总策与协调

1. 制订社群发展计划并统筹部署。

2. 了解各项工作的进度和质量,沟通、协调并提供必要的支持。

3. 进行外部生态资源的合作,为社群赋能。

二、会员管理与服务

1. 通过社交媒体、行业活动等招募新会员。

2. 进行新会员审核及辅导(询问申请人入群目的,辅导新人学习群规及群内做自我介绍)。

3. 建立并维护会员数据库(及时更新会员信息)。

4. 群规维护(群规学习指引,群规解释,群规执行)。

5. 群内互动（点赞、欢迎新人、答疑解惑、链接资源、活跃社群并实现社群的高黏度）。

6. 会员满意度调研（关注会员的反馈和意见，了解会员的个性化需求）。

三、活动策划与执行

1. 制订社群活动计划（年度、季度、月度），促进社群成员之间的互动和交流。

2. 活动方案策划（时间、地点、嘉宾、内容、费用、注意事项等）。

3. 活动执行（找赞助资源、邀请嘉宾、现场主持、活动精华内容总结等）。

四、内容创作与推广

1. 定期为社群成员提供有价值的内容，如知识分享等。

2. 多形式推广社群（文字快讯、宣传海报、长图文、短视频等）。

3. 内容平台运营（公众号、视频号、抖音号、头条号等）。

从上述社群管理事务可以看出，打造一个好的社群需要多岗位协同，并且对于每个岗位的人员素质要求也非常高。而叠加了产业属性的产业社群，对于运营管理人员则要求综合能力、专业知识的双重buff（增益）。

然而，我们知道，很多社群作为非营利性的组织，并不能依靠高报酬来吸引人才参与社群管理。并且，在弱关系的社群组织中，以传统的、层级森严的团队来管理也是不合适的。所以，分布式协同的组织管理应运而生。

什么是分布式协同呢？这是一种基于区块链的组织形式——DAO（去中心化自治组织）所呈现的分工与协作的特点。在DAO上，具有去中心化的决策机制，人们相互提供工作机会和创意，并通过智能合约和数字货币来保障所有参与贡献的人都可以获得合理的报酬，从而实现组织自治和运作。这有点像飞行中的大雁群，无论飞成"一"字形还是"人"字形，并不是由头雁决定的，而是每只大雁利用前面大雁飞行的气流自动调整队形；每当头雁疲劳、退到队形中休息时，另一只大雁就会自动顶上，继续领头为其他大雁破开空气阻力，最终整个雁群完成长距离迁徙。而大雁群的智慧就体现了去中心化的决策机制，以及每个主体的相互协作。

事实上，分布式协同已经被广泛应用于当前的各种组织管理中。例如，在开源社区中，分布式协同的方式已经成为项目管理的主流方式。每个参与项目开发和维护的成员都可以提供代码、解决问题和改进项目。这种分布式的方式不仅有利于吸引更多的人才参与，也使得项目的开发更加高效和灵活。另一个应用领域是线上团队的管理。随着信息技术的发展，越来越多的组织开始采用纯线上的方式进行工作。团队由地理位置分散、通过网络进行协作的成员所组成，分布式协同可以避免管理内耗，让每一个人都有机会成为"发动机"，提高整个项目组的工作效率和凝聚力。而被全球产业界津津乐道的奈飞（Netflix）公司的管理，也与分布式协同的理念不谋而合。因为奈飞的组织架构是典型的网状结构，管理法则称为自由与责任工作法，包含两个核心词——自由、责任。员工自行决定上下班时间，每年请假可以超过两个半月且不用上级或老板审批。有了这种听起来不可思议的管理方式，奈飞成为全球视频领域的霸主。其成功的核心就在于奈飞的人才密度理念和分布式协同的工作方式，发挥出了顶级优秀人员的自驱力和创造力。

具体到社群管理中，分布式协同应该怎样运作呢？我们以一个小型社群为例，平等和民主的决策机制是必需的，四个职能岗位（总策划、会员岗、活动岗、内容岗）原则上都可以参与到社群的决策中，发表自己的意见、建议，发挥"头雁"作用。同时，信息的共享和透明机制也非常重要，应该让每个岗位的成员都能充分了解其他岗位的工作情况和需求，从而更好地协调各自的工作，实现资源的共享和优化。此外，除了激发职能岗位（骨干成员）的自主性和领导力外，也需要充分提高社群所有成员的积极性与创造力，譬如在内容创作方面不仅仅依赖一个或几个骨干成员，而是以分布式协同的理念倡导分享、教学相长，鼓励社群所有成员参与贡献有价值的内容。总之，分布式协同会让一个社群形成更好的组织生态。

与之相应，大型社群更需要采用分布式协同的组织管理。以阿里校友联合会（青橙会）为例，它作为现有会员"6万+"并且未来必将突破"10万+"的社群，如何有效管理？这是一个挑战。于是，发起人钟鱼在社群圈内首次提出了分布式协同的管理思路。首先，作为总群发起人，钟鱼负责给组织搭建体系、设计制度和工具；其次，由总群认证的各个子群发起人全权负责子群管理，包括会员招募、活动频次等，子群需要适时支持总群的工作，也可以向总群或其他子群提出支持需求；最后是子群内部，由子群发起人招募3名副职，通过1+3+n的模式（即1号位、3名副职、n名志愿者）把社群组织起来，彼此协同，展开社群的活动、内容等运营。这样做的好处是，总群和子群、子群和子群，以及子群成员之间，彼此都是赋能主体，而各个子群能不能做出影响力就主要看各自的努力。在分布式协同下，大家的主动性和创造性都被充分激发出来了。

无疑，对于产业社群而言，分布式协同的管理方式既能够充分运用社群中每个骨干成员的智慧和经验，使管理变得更加平等和民主，也会让社群成员之间的互动和协作更加紧密。

社群成长目标及策略

一个蓬勃发展的产业社群并非一蹴而就，它要制定明确的成长目标和相应的策略来稳步推进。

但是，目标应该怎么设定呢？很多社群负责人可能一下子很难抓到重点。换个角度，如果我们以终为始，以终局思维的眼光来看的话，目标就会很清晰。因为产业社群最终的目标是要达成使命和愿景，为了这一宏大理想，有三点是重要的支撑力，分别是规模、资源、影响力。所以，下面我们围绕这三点来解析阶段目标如何制定、社群成长路径如何规划。

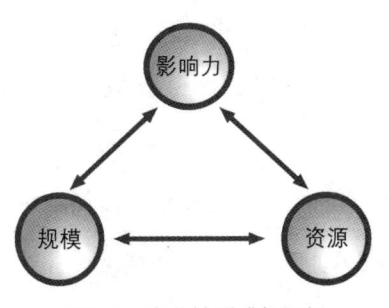

图3-5 产业社群成长目标

规模：衡量社群成长的重要指标

社群的规模主要指会员数量。对于产业社群来说，规模越大，往往能量越大，与人口红利的原理类似。譬如，阿里校友联合会（青橙会）发起人钟鱼有一个目标：做到"10万+"会员，因为他认为10万会员是一个临界点，一旦超过这个量级，社群将有质的变化。

也许有人说，社群会员贵在精，不在多。但此话对了一半。"精"体现为符合目标会员定位，且会员层次比较高。但设想一下，如果在"精"的基础上又有成倍的此类会员加入，社群的能量将可能呈指数级放大。所以，在确保会员质量的基础上，规模应作为社群发展的重要指标。

那具体一个产业社群以多少会员数量为目标呢？

第一，251原则。20、50、100、200、500、1000……，以此类推。因为这样的数字阶梯似乎是规模跃迁的心理标尺，在活动执行中一般以这些人数的活动规模最常见，所以会员数量的目标也可以参考这个原则。

第二，看目标会员层次。原则上会员的身份层次越高，则会员数量可以越少。譬如一个福布斯富豪榜的社群，即使几十人也有非常大的影响力了。一些顶级精英社群，甚至招募一个新成员需要三名老成员联名推荐，只有严格审核后才能加入；而当人数满了，新成员申请必须等老成员退出，空出了名额后才有加入可能。

第三，看运营难度。骨干成员的能力圈和可投入时间，决定了社群的天花板能支撑什么规模的会员数量，适合自己的永远是最好的。

那怎样才能让规模增长呢？简单来讲就是两点。一是招募。新成员招募是社群发展的关键一环，这就需要社群提供有价值的平台，能够满足目标成员的需求和期待。二是留存。老成员留存也尤为重要，必须为他们提供持续的学习、交流与合作的机会，才能加强他们的参与度和归属感。

总之，规模对于社群来讲有着重要意义，因为成员数量增长会促进更多机会"涌现"。

资源：支撑社群成长的重要因素

社群的资源主要指生态合作体系。对于产业社群来说，合作伙伴的质量、数量往往能体现一个社群的能量。

包括政府、大企业、研究院、投资机构等，都可以是产业社群的合作方。这种生态合作关系可以是多个维度的，或与产业相关，或与成员福利相关。通过与这些合作伙伴的紧密合作与资源共享,既能为社群争取更多的发展机会,也会给成员们提供更有价值的资源平台。

另外,就像我们经常说的,看一个人,只需要看他最亲密的五个朋友并取平均值,产业社群亦同理。所以,划分、明确合作伙伴的重要程度是非常需要的,譬如分为全面合作、战略合作、重要合作、友好合作等。

对于社群的发展来讲,生态合作体系无疑是极为重要的助力,需要持续拓展、迭代资源,与全面合作伙伴、战略合作伙伴搭建稳定的沟通及合作桥梁。

影响力:体现社群成长的重要维度

社群的影响力主要指社群对利益相关群体及公众产生影响的能力。对于产业社群来说,影响力会带来更好的声誉、更多的发展机遇。

具有了足够的影响力,在产业界,社群可以成为公共认可的专业讨论和交流的平台,推动行业的发展和进步;在政府层面,社群可以代表行业的利益,参与政策制定和产业协调,为行业发展提供有益的建议和支持;在社会公众层面,社群可以通过传播相关信息和观点,引发公众对行业问题的关注,加深社会对行业的认知和理解。

而要想拥有影响力，产业社群就要加强活动亮相，加强媒体发声，不断积累，做时间的朋友。

表3-2 社群成长目标及计划表

阶段	目标		策略动作
短期 （3个月）	规模	会员数量××人	
	资源	生态合作伙伴××家	
	影响力	PR（公共关系）事件××项	
中期 （12个月）	规模	会员数量××人	
	资源	生态合作伙伴××家	
	影响力	PR事件××项	
长期 （36个月）	规模	会员数量××人	
	资源	生态合作伙伴××家	
	影响力	PR事件××项	

注：1. 会员数量可根据会员分级（譬如VIP会员、一般会员）再细化目标。
2. 生态合作伙伴可根据类型（譬如产业相关、福利相关、专家智库等）、重要程度（譬如全面合作、战略合作、重要合作、友好合作等）再细化目标。
3. PR事件可根据类型（譬如主题活动、产业推动、政策推动、公共宣传）、影响力程度（譬如三星级至五星级等）再细化目标。

制定可持续发展的社群公约

在杭州的万科良渚文化村有一堵墙很出名,那就是被视作社区精神象征的《村民公约》。因为有了公约,村民遇到的一些问题通过共识、共同的愿景自然就解决了。同样,对于一个产业社群来说,拥有符合其价值观的公约是社群可持续发展的关键。

社群公约,简单理解就是成员们公认的社群规则和行为准则约定,也可以称之为群规。即在社群里,什么可以做,什么不可以做,违规了会受到什么惩罚,对社群做出贡献会受到什么表彰等。通过明确群规,每个成员在加入社群时了解这些规则并同意遵守,可以很好地维护社群的秩序和文化,促进彼此间的尊重与合作。

那么,社群公约应该包含哪些方面呢?以下五点可以作为参考。

第一,共同的目标。

是为了组织志同道合的人,一起推动某种创新和技术发展吗?还是为了促进产业生态圈的合作?又或者为了提供一个知识共享和学习的平台?社群的宗旨和目标是一切社群事务的最高评判标准。

第二，相处的准则。

彼此尊重、讲究诚信是社群成员关系的两大基石。而根据每个社群的不同文化，也可以提出自己独特的主张。譬如，有的把接纳异议、宽容失败作为首要准则，有的明确禁止捧高踩低、冷嘲热讽、低级炫富。总之，一切都是为了创造更愉快、更有互动成效的社群氛围。

第三，不打扰原则。

一般包括：在成员微信群内发布和讨论的内容应当与社群主题相关；严禁表情包轰炸和文字刷屏；如果需要发广告内容，应征得群主同意并在群内发××元红包，以示打扰大家、表达歉意；添加群内好友要做到不冒犯、不过分热情，体现礼貌和尊重等。

第四，违规处理。

譬如可以做如下规定：首次违规，群主提醒，违规者重新学习群规；第二次违规，群内检讨，并义务做一周的群规监督员；第三次违规，请出群。只有制定好这些规则并严格执行，社群才会日益形成良好的氛围。

第五，不良行为处理。

当有人在群内传播涉及政治等敏感话题的言论时，或者发布违背社会公俗良序的内容、发生人身攻击的言语行为时，根据严重情况应进行警告、禁言（设定时间期）及踢群等处理。

总之，制定社群公约就是为了创造文明、有序、友好、协作的社群氛围。制定了就要严格执行，避免劣币驱逐良币，导致成员离心，最终社群沉寂以致休眠。根据实际情况，及时地调整和补充社群公约也是必要的，可以请所有成员提供建议，由全体投票决定采用与否。

群公告示例

实名社交（未修改者，每日一清）

1. 进群修改群名片：城市-公司-名字
2. 鼓励自我介绍，欢迎链接。

   姓名/昵称：

   个人标签：

   公司名称和职务：

   主营业务和发展规模：

   为什么入会：

   希望获得资源：

   可提供资源：

3. 拒绝造假或诋毁、骚扰他人，被举报一次警告，两次踢出。
4. 有任何广告诉求，请报备并配送红包，不少于××元/次。

《正和岛会员章程》部分参考

第四章　岛民公约

第十四条　千金买宅，万金买邻。为了让每个人都成为令别人惊喜的好邻居，我们共同约定：

正和岛五诫：

1. 无诚信的交往

2. 无底线的商业

3. 无尊严的人格

4. 无原则的行善

5. 无良知的享乐

正和岛六规：

1. 理性地判断，建设性地表达。

2. 说话算话，恪守承诺。

3. 包容个性，尊重差异。

4. 互学互助，共建共享。

5. 不随便麻烦别人，不死缠烂打。

6. 不讨论敏感话题，不传播负能量。

第五章 会籍、会费

第二十条 会员行为与奖惩。

为保证会员可以在安全、高价值浓度的环境中进行交流，正和岛将对会员行为予以充分关注，并根据科学、合理、严格的奖惩体系，给会员予荣誉和惩戒。

会员应自觉遵守并维护正和岛岛内制度。乐于价值分享，为正和岛建设做出积极贡献的会员，将会获得相应荣誉、奖励。

当会员有下列情况发生时，会员资格将被终止：

1. 严重违反本章程及正和岛内相关制度，有损正和岛及其他会员权益，经正和岛会员资格审核委员会决议通过取消其资格的。

2. 会员所在企业或机构发生重大违法、违规问题，足以影响到会员本人的声誉。

3. 本人违反国家相关法律、法规之规定并受到刑事处罚的。

4. 未按规定缴纳会籍费者。

注：以上是结合正和岛官方网站所载企业文化和网络公开渠道获得的《正和岛会员章程》信息，仅供参考。

第四章　运营技巧

产业社群运营考验的是我们持久的热情、不断创新的能力和"心有猛虎、细嗅蔷薇"的优秀品质。作为一项长期、复杂、精细化的任务，运营决定了社群的发展质量，无论给予多高的重视度都不为过。

在本章，我们将从产业社群运营者最关心的问题出发，解析会员如何增长、怎样找生态合作伙伴、活跃社群的方法、如何加强向心力、怎样提升组织效率，以及如何通过商业化实现"自我造血"。

会员数量增长术

很多人面临的社群运营第一道难关，就是怎样吸引目标会员加入。尤其对产业社群来讲，这更具有挑战。因为产业的专业性、精英属性，导致很多发展多年的产业社群仍然只能称为小圈子，很难形成真正的影响力。那么，怎样才能吸引更多、更高质量的会员加入呢？

首先，我们需要重视"种子会员"招募。作为社群的早期会员（发展的源起），种子会员是对社群的定位、价值观最了解和最支持的人，他们是社群的协同推动者。种子会员积极参与社群活动，才能感染和吸引更多的潜在会员加入，提升社群的向心力与活跃度。

那怎样招募到种子会员呢？建议从社群核心人身边的人脉资源开始，最好能找到有影响力的业内专家学者、成功企业家，或者是有潜力和热情的创业者，主动邀请其加入社群。一开始有10位左右的种子会员就足够了。在这个阶段，质量绝对比数量更重要。

更重要的是，我们需要考虑如何让种子会员在社群中活跃起来。具体有两个方法：一是会员结构对齐。腾讯前高管徐志斌曾经在《小群效应》一书中提到一个"三近一反"原则，意思是在社交网络中，要想促成用户活跃，最好是让相近地域、相近年龄、相近兴趣爱好而性别相反的人产生连接。[①]后来，"三近"又扩展到相近财富、相近社会背景、相近需求等，"一反"扩展到可以相互帮助却又存在冲突的两方，除了两性关系外，典型的还有商业环境中的甲乙双方、社会环境中的资源互补方等。这对于我们招募产业社群的种子客户也是很有启发的，符合"三近一反"的小群体，人们会自然地活跃起来。所以，种子会员重质不重量，需要对齐会员结构。二是共创会。要让种子会员们围绕社群建设而活跃，就要使他们产生参与感、成就感、获得感。通过共创会的形式，大家经常一起讨论社群建设，会促进他们参与和做贡献，共同推进社群事务。理论上，一个人对某件事付出的时间和精力越多，就会有越深的感情。于是，社群就会获得越多的关心和支持。

谈了种子会员的招募与活跃度问题，在此我还想强调"门槛"的重要性。"容易得到就容易放弃"是人性的弱点之一，社群会员也一样，所以我们必须通过筛选让会员们懂得珍惜入会的机会。立门槛，也可以称为造围城，就是设立整体会员的

---

① 徐志斌. 小群效应 [M]. 北京：中信出版集团，2017：37-51.

门槛，譬如会费或者严格准入制等，凸显社群的价值（注意需明确社群会员的权益）。对于种子会员，我们可以赋予其创始会员身份，设定特别邀请机制或免费入会资格，这些都助于吸引其加入。

有了种子会员，怎样才能快速壮大产业社群呢？作为一种有效的增长策略，"裂变"在硅谷的科技公司中被广泛采用，以至于近年来很多大企业纷纷推出一种新岗位——首席增长官（Chief Growth Officer，CGO）。像脸书、优步、可口可乐，以及国内的瑞幸咖啡等，都有很多裂变营销的经典案例。其核心是基于现有用户的推荐和分享，通过社交网络的力量迅速扩大用户群体，以达到快速增长的目标。在产业社群发展中，我们同样可以采用裂变的方法来扩大会员数量。

正如瑞幸咖啡CGO杨飞在《流量池》一书中分享的一个公式：流量裂变=平台+创意+福利+技术[①]，对于产业社群来说，裂变平台主要选择微信群和微信朋友圈，裂变福利最好是有吸引力的专属小礼品，裂变技术可以选择一些现成的裂变工具（如小裂变、蜂鸟裂变等，需要收取一定费用），而裂变创意可以从以下四个方面进行策划。

---

① 杨飞. 流量池［M］. 北京：中信出版集团，2018：175.

第一，邀请有礼。

最简单的方式就是会员招募海报（长图、H5页面[①]），老会员把海报发到朋友圈、微信群或定向发给朋友，新会员通过二维码链接填写申请资料，申请通过后新、老会员可以各获赠一份礼品。

需要注意的是，海报设计要尽量有品质、有内涵，把本产业社群的定位、文化，尤其是价值等简洁有力地传达出来，要给新会员一个加入社群的理由。此外，礼品可以是与产业社群相关的专业活动入场券、大咖演讲PPT（演示文稿）文件等，不在于贵重，但要对会员有价值、有吸引力。

第二，IP裂变。

我们经常看到滴滴出行、网红奶茶等完成订单后，跳出一个分享页面，写着某明星送你打车券、请你喝奶茶，该页面可以分享给很多朋友。这其实是品牌与明星资源互换，实现裂变的另一种流量方式，在宣传海报的基础上增加了生动性。

同理，我们可以邀请产业社群中的名企高管、资深创业人士等做证言式宣传，甚至有可能的话请专家大咖背书，增加社群对新会员的吸引力。

[①] H5页面是一种基于HTML5技术的网页设计形式，具有高度互动性和可视化效果。

第三，内容裂变。

着力最多的还是要靠长期、持续输出好的内容，激发老会员的转发、分享热情，使其成为分布式网状会员结构中的重要链接点，从而吸引、链接新会员。

譬如，我们常说的"10万+"阅读量的爆文、具有轰动效应的业界精彩活动、刷屏的深度内容短视频等，必然都是能引起关注、兴趣和共鸣的。这些内容可归纳为三个特点：有用（具有实际应用价值）、有趣（带来情绪价值）、有料（提供社交谈资价值）。

以持续的、优质的内容吸引人，并在其中植入拉新福利，将形成很好的会员裂变效果。

第四，玩法裂变。

微信朋友圈中经常有人分享运动App的跑步轨迹，或者"我已在××上坚持运动/坚持阅读第×天"，以及参加抖音××挑战赛等，展现自己的"斜杠青年"气质。

在产业社群运营中，我们也可以通过一些有趣的玩法体现学习型社群价值，激发会员们参与和分享，从而吸引新会员加入。

会员裂变的前提是，我们是否真正满足了会员的需求点，是否打造了真正有价值的社群。当然，除了运用裂变方法外，我们还可以通过以下渠道招募会员。

一是活动招募。主办有价值和有吸引力的活动，如专题讲座、行业峰会、创业比赛等，吸引新会员加入；积极参与行业相关活动，提供有价值的观点分享，然后留下社群二维码，邀请感兴趣的人加入。

二是宣传招募。可以通过产业生态圈内的友群（有合作关系的产业社群、靠谱的私域微信群等）进行引荐，或者在Meetup、豆瓣等同城社区建立兴趣小组，以及通过各种媒体渠道发布社群内容和信息，从而引起潜在会员的兴趣并吸引其加入。

解决了会员招募问题，我们是不是就已经完全掌握了会员数量增长的技巧呢？还没有！因为还有会员留存率需要我们时刻关注。我们都知道，每吸引一个新会员比留存一个老会员需要多花数倍资源，那为什么不在会员留存率上多用心一点呢？这里就涉及让会员留存的机制。

第一，持续互惠机制。

罗伯特·西奥迪尼在《影响力》一书中，把"互惠"作为最有效的影响力武器。根据他的研究发现，人们潜意识中会习惯于回报他人对自己的恩惠。[1]

---

[1] 西奥迪尼. 影响力 [M]. 闾佳, 译. 杭州：浙江人民出版社，2015：2.

而产业社群的工具性是最好的"持续互惠"基础,社群成员因为能从社群中持续受益,自然会支持社群发展,也就愿意长期留驻社群中。这也是为什么我们强调社群发起人需要有利他精神、需要明确社群成员权益的原因。

第二,荣誉和可炫耀机制。

让社群成员以加入本社群的身份为荣,这在于社群本身的价值和影响力,用《小群效应》中的一句话足以说明:人们会自豪于在一个"胜利"的队伍中。[①]所以,平常的社群文化分享、社群成就展示等,可以激发成员的荣誉感。

此外,社群内部的荣誉颁发也是一个好方法。类似阿里巴巴集团内部给员工司龄冠以"阿里陈"的称呼一样,"18年陈"就代表在阿里巴巴工作了18年,是一种身份荣誉。社群给做出贡献的成员颁发证书、奖杯、勋章等,也是利用荣誉给成员以归属感。

从另一方面来讲,荣誉即身份展现的机会。那么,社群可以创造哪些机会让成员乐意对外展现或转发朋友圈呢?微信曾经做过一次有趣的互动宣传,用户只要在微信中打开活动链接,就能生成自己的专属微信史,包括哪天注册的、哪天发送

---

① 徐志斌. 小群效应[M]. 北京:中信出版集团,2017:8.

了第一条朋友圈、第一个微信好友是谁、收到/发出多少红包、在哪些位置留下足迹、获得多少点赞等，迅速引爆了朋友圈。如果产业社群借鉴这样的活动与成员建立更多的关系链接和情感链接，必然就能加强会员的留存率。

从会员数量增长的角度来说，还有一个维度也值得重视，就是会员推荐率。我们可以设置一些激励措施，让老会员带新会员。如果一个人有数名好友也在社群中，他就更可能成为社群的长期拥趸。

总之，具有一定规模以及高质量的会员，是产业社群的发展之本、成长之源。无论是会员招募，还是会员留存、会员推荐，我们都要用心运营。

会员留存率

公认的留存率公式：第N日新增用户留存率=第N日新增用户留存数/首日新增用户总数×100%。按照脸书著名的"40-20-10"法则，即次日留存率约40%，第7日留存率约20%，第30日留存率约10%。

对于产业社群来讲，我们以新增会员第N日仍活跃（参加社群活动或群内发言）作为留存数，并以"40-20-10"作为社群成长的最低标准。即如果新增会员7日内留存率少于20%、30日内留存率少于10%，我们就必须即刻加强社群价值交付和对会员的维系，包括通过调查表等诚恳地咨询相关会员，了解他们对社群的需求点，提供更有针对性的资源、活动和内容；也可以主动回访非活跃的优质会员，给予关心，多交流，激活他们的参与度，从而留住他们。

会员推荐率

全球著名的贝恩咨询公司曾提出一个重要的用户指标——净推荐值（Net Promoter Score，NPS），就是有多少人会把你的产品/服务推荐给别人。其中，净推荐值（NPS）=（推荐者数/总样本数）×100%-（批评者数/总样本数）×100%。在调查表中，你可以直接问用户：您是否愿意将"×产品/服务"推荐给您的朋友或同事？然后根据愿意推荐的程度让用户在0~10之间打分，选9~10分是推荐者，选7~8分是中立者，选0~6分是批评者。

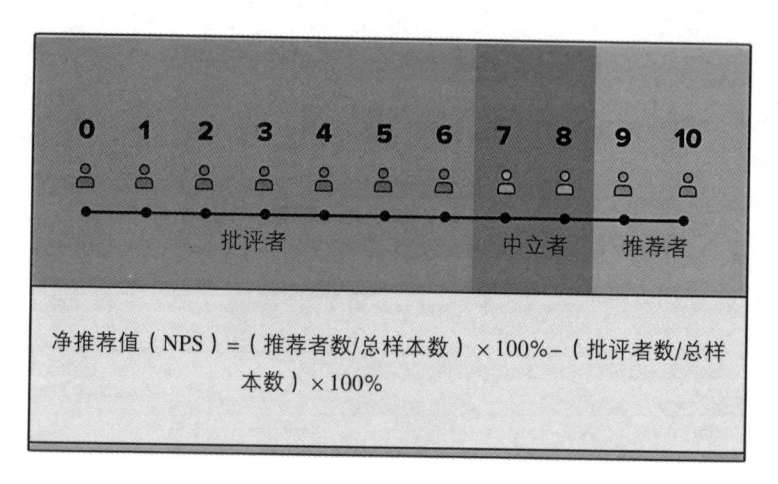

图4-1 净推荐值（NPS）

最终，如果NPS>0，代表"好"；如果NPS>50%，代表"优秀"；如果NPS>80%，代表"卓越"。综观全球，苹果公司的NPS为89%，特斯拉后来居上，NPS达到了97%，而大部分公司的NPS在5%~10%之间。

NPS对我们也是一个很好的启示，到底有多少比例的会员愿意推荐好友加入本社群呢？又有多少比例的会员是持不推荐态度、为什么不推荐呢？根据NPS调查，我们可以及时调整社群发展策略。

生态合作体系建设

一个产业社群的资源、能量总是有限的,怎样才能发挥更大的影响力?怎样给社群成员更多的赋能呢?答案是建设生态合作体系。

事实上,很多产业社群都有政产学研等各界合作伙伴,但是却普遍缺少有针对性的合作规划和资源整合。一个理想的生态合作体系,应该是既可以让社群成为产业生态圈中的重要链接节点,促进项目、人才的流动与合作,也能为社群成员们带来所需的人脉和资源,提供战略合作级的服务和支持。这往往不是单一会员所能做到的。

那么,产业社群应该拓展哪些生态伙伴并与之建立合作呢?我总结为以下七个方向:

政府端

1. 政府间国际组织

联合国、世界银行、亚太经合组织等一般都是从事基于人类福祉的经济、社会方面的活动,产业社群可以在符合它们的宗旨和目标的框架下争取合作机会。当然,与联合国机构派生出的组织或者世界银行IFC（国际金融公司）合作的话，门槛会低很多。另外，申请联合国经济及社会理事会（UN ECOSOC）咨商地位也是一个非常好的选择，有利于扩大产业社群影响力。

2. 政府招商/引才机构

各地招商局、人才办等单位每年都有招商、引才任务，包括举办招商大会、人才大会、重量级论坛等，需要来自民间团体的支持，当然也会给相应推荐奖励和活动补贴。此外，由产业社群帮政府代运营创客基地、孵化器的情况也较多，由政府出场地、出费用，产业社群出人、出资源，形成互惠合作。

3. 使领馆科技/贸易/投资处

如今的科技、人才、资本、市场都是跨国界的，如果去某个使领馆，其中一般都有负责科技、贸易、投资的相关负责人，他们一方面为本国公司进入中国市场进行服务，另一方面也致力于吸引中国企业到本国投资。此外，像伦敦发展促进署、爱尔兰投资发展署等机构也是起着类似功能。

企业端

1. 行业巨头

美国的GAFA（谷歌Google、亚马逊Amazon、脸书Facebook、苹果Apple）、中国的DAT（抖音Douyin、阿里巴巴Alibaba、

腾讯Tencent）等企业巨头，往往引领着行业风向标。产业社群去参观、去学习、去合作，将打开发展的天花板。此外，企业巨头也一直在寻求与科技创新团体合作，旨在接触最新的技术和商业模式，找到新的战略机会并推动企业内部创新，所以亚马逊云、华为云等纷纷成立初创生态部门，推出各种创业赋能、商业资源共享、免费扶持计划等，能给产业社群及其成员带来很多实质性帮助。

2．专精特新企业

很多细分行业的隐形冠军、独角兽企业等，具有非常强的技术、人才优势，深受各地政府、各大活动青睐。产业社群可以协助这些专精特新企业在政府沟通、品牌宣传、资本对接等方面"走出去，迎进来"。

3．企业创始人

企业家精神往往体现在一些具有独特个人魅力的企业创始人身上，他们给时代以启发，给产业以创新，给年轻人以激励。产业社群加强与优秀的企业创始人链接，可以相互赋能，一同扩大影响力。

4．知名企业高管

从很多论坛上的嘉宾分享可以看出，大企业往往比小企业具有更深厚、更系统的知识沉淀，一些活跃的知名企业高管也会有自己独到的经验和方法论。产业社群需要多邀请一些这样的企业高管进行合作，给会员以指导，让活动更具内容性。

科研端

1. 科研院所

国内最著名的是中科院、中国工程院，国外像美、英、法、德等国家科学院也卓有声誉。在各种科技、经济论坛中，院士、科研专家们常会受邀出席。同时，一批以解决高科技卡脖子问题、科技高效市场转化问题为目标的新型国家实验室正在涌现，譬如上海的临港实验室聚焦生命健康、杭州的之江实验室聚焦人工智能等，这些实验室对外也有广泛的交流合作。

2. 高校实验室

全国超百所高校共承建了近700个国家重点实验室，其中清华大学单独承建的国家重点实验室数量最多，有17个；浙大、中科大、东南大学等也都有不少国家重点实验室挂牌。这些高校实验室与各种市场主体都有广泛的合作。

3. 技术转移机构

目前科技部共认证了453家国家技术转移示范机构[①]，包

[①] 该数据来自中国科技部2020年关于政协十三届全国委员会第三次会议第0395号（科学技术类014号）提案答复的函。

括清华大学国家技术转移中心、中科院上海国家技术转移中心等。这些机构承担的使命是推动一批国家重大计划项目和行业共性技术、关键技术的技术转移，促进创新成果转化为生产力。产业社群可以加强与这些技术转移示范机构的合作，做技术供需的链接方。

资本端

　　1. 产业基金

当前，中国的产业基金分别来自四大力量：国家大基金、地方政府母基金、大企业CVC（企业风险投资）、专业投资机构。它们需要大量的项目信息和高层次人才信息，产业社群可以与之形成合作。根据"暗涌WAVES"对超过500家不同类型的产业资本和超200笔产业投资行为的梳理，目前中国的产业基金主要集中在五个领域：一、半导体集成电路（最具代表性的是国家集成电路产业投资基金、中芯聚源基金）；二、工业自动化（最具代表性的是国家制造业转型升级基金、小米长江产业基金）；三、医疗大健康（最具代表性的是礼来亚洲基金、奥博资本）；四、高端装备制造（最具代表性的是国家军民融合产业投资基金、中航信托）；五、新能源（最具代表性的是国家电投、国家能源集团投资基金）等。

2. 风投基金

风险投资往往与资本狂欢、数十倍回报相联系，天生就吸引眼球。像红杉资本的沈南鹏、高瓴资本的张磊、今日资本的徐新、金沙江创投的朱啸虎等，都是闻名遐迩的明星投资人。与产业基金类似，风投机构也需要大量项目信息和人才信息，而这正是产业社群的优势。

NGO端

1. 国际认证组织

像新能源领域的IECRE（国际电工委员会可再生能源设备认证互认体系）认证、医药和医疗器械领域的FDA（美国食品药品监督管理局）认证、建筑领域的LEED（能源与环境设计先锋奖）绿色认证和WELL健康认证等，都象征着各自所在领域的专业性和权威性。每一个产业社群都应该在相应产业内看看是否有重量级的认证，与相关组织进行多方位的合作，以提升产业社群的专业地位。

2. 公益组织

公益是精英人群、有识之士的追求，可以产生广泛的共鸣。像中国非物质文化遗产保护协会、大自然保护协会、麦田计划、中国宋庆龄基金会、壹基金等，都具有非常大的影响力。产业社群在推动商业文明的同时,也要有公益视角,以爱心、环保等赢得更多的支持。

3. 民间智库

智库通过研究报告、政策顾问、各类交流活动等,对政府决策、企业发展、社会舆论和公共知识传播等方面具有深刻的影响。像全球化智库、北京绿色金融与可持续发展研究院、零点调查等,都是中国较有影响力的民间智库,可以给产业社群很多思想和智慧参考。

企服端

1. 孵化器/加速器

总部位于硅谷的全球最大孵化器璞跃(Plug and Play)、澳大利亚最负盛名的顶级孵化器飞任倕禾(Fishburners)、剑桥大学贾奇商学院的加速器Accelerate Cambridge、巴克莱银行旗下的金融科技加速器Rise London等,这些都是新技术、新项目的摇篮。在国内,每年的国家级、省级、市级众创空间、孵化器、加速器的名单公布,也见证了创新席卷全国。产业社群可以与这些机构加强互动与合作。

2. 产业园

伴随中国经济转型,传统工业园趋于式微,越来越多的新型产业园出现了。这些产业园需要租售，就要做好园区文化和对外交流，它们有一流的空间载体，也有充足的推广和活动费用支持，可以与产业社群达成很多的共赢契合点。

3. 商务会所

很多城市中都有一些非对外或半对外的商务会所，主要用于商务交流、精英人士联谊等。产业社群可以与其中有共同圈层的会所合作，挂牌产业社群会客厅，作为会员、合作伙伴的线下活动场地。对双方来讲，物尽其用，相得益彰。

4. 政策申报机构

各省、市、区都有招商引资、发展扶持政策，但维度很多、条款很细，大部分企业很难靠自己来全面理清楚并抓住政策窗口期。而政策申报机构就是服务企业、专门做申报、帮助企业做前瞻规划的专业组织。产业社群与熟悉本产业的政策申报机构合作，可以给会员带来更多且深入的政策资讯和相关服务。

媒体端

1. 科技财经媒体

正如在本书开始时所讲，专业的科技创投媒体、财经媒体是新经济浪潮的主要推手之一，与产业社群互利共生。譬如36

氪、钛媒体、《麻省理工科技评论》，以及财新、第一财经、《福布斯》等，在捕捉趋势、引领产业未来方面给业界带来了很多深度思考。产业社群需要与这些出色的媒体平台加强合作，互通资讯和专家资源，联办专业活动，从而彼此助力。

2. 主流大众媒体

与媒体加强互动，扩大宣传面，可以提升产业社群的影响力。国际媒体如《华尔街日报》、彭博新闻社等，国家级媒体如中新社、新华社、央视网等，各省市级地方性媒体、日报、晚报等，网络媒体如腾讯新闻、澎湃新闻等，都能给产业社群很有力的宣传支持。

除了以上目标合作机构，产业社群也需要加强与友群的交流互动，譬如行业协会、企业家联谊会、高校/商学院校友会、创新创业平台等，在交流中互取长短、互通有无，探讨潜在的合作机会。有可能的话，还可邀请诺贝尔奖、图灵奖得主，或者中外科学院院士、教授、科技财经大咖等加入产业社群智库，担任创业导师、管理顾问，分享他们丰富的经验和专业知识、行业见解，为社群成员带来指导与启发。

此外，产业社群作为民间组织，如果能得到政府官方背书，将更具有公信力。一般可以在属地民政部门注册，并由官方机构（譬如统战部、工商联等）作为指导单位。另外，有的产业社群以国际视野，直接建立了与联合国沟通的渠道，也是非常有意义的做法。

当然，生态合作体系的建立既要"拓"，也要"引"。产业社群在自己擅长的领域不断强化，就自然会吸引其他领域的强者来谋求合作。也就是说，区别于企业关注"短板"提升，产业社群更强调"长板"效应的发挥。这时，做好筛选，做好全面合作伙伴、战略合作伙伴的规划，以及做好合作资源的分配，是非常必要的。

战略合作备忘录（MOU）模板

合作备忘录

甲方：

乙方：

甲乙双方经平等友好协商，就合作相关事宜，达成如下合作意向备忘。

一、关于合作内容

甲方为乙方提供以下支持：

1.

2.

3.

乙方为甲方提供以下支持：

1.

2.

3.

双方共同合作推进：

1.

2.

上述合作方式以外的内容及费用（利益）需进一步协商而定。

上述合作内容的有效期为签订该协议之日起_____年。

二、关于合作目的

合作目的是通过充分利用各自优势、互惠互利，增强信息共享水平、产生规模效应、改善相互之间的交流、保持战略伙伴之间高度信任、产生更大的竞争优势，以实现双方优质客户的相互引荐、双方项目或业务的市场推广、双方在各自所处领域内知名度及影响力的提升。

三、关于后续合作事项的安排

1. 本合作备忘录为双方进行长期战略合作的意向框架协议，在平等互利的基础上双方应进行更进一步广泛合作的商讨。双方可视市场及甲乙双方开拓情况不断增加合作内容，并就合作的商业条件（包括合作方式、合作前提、合作条件、各方权利义务等）进一步予以协商，并签署正式《合作协议》及相关配套协议。

2. 在本合作备忘录签署后，双方可基于合作目的对外宣称双方为合作伙伴关系，且可在宣传资料中免费使用对方公司品牌名称及logo，但该等宣传以不损害另一方利益为前提。

四、本备忘录履行过程中甲乙双方指定的联系人信息如下,一方的通知到达另一方如下指定联系人处时,即视为通知已送达

甲　　方:

地　　址:

联系人:

Email:

电　　话:

乙　　方:

地　　址:

联系人:

Email:

电　　话:

五、其他约定

双方一致确认并同意:即使本备忘录所涉及的项目及意向合作事项没有实际推进或完成,任何一方均不对另一方就未能完成项目及事项或未能遵守日程享有费用支付和(或)求偿的权利[包括但不限于,损害赔偿请求权、费用支付(或返还

求偿权或其他类似的求偿权〕。同时，本备忘录所涉合作事项不具有独占排他性，任何一方均有权就同类事项与其他潜在合作方洽商、展开合作。

双方确认并同意：一方不得就另一方所属国主权完整、领土完整、内政事务等进行不良干预或发表不正当言论。因一方触碰政治敏感类事件导致负面舆情时，另一方有权单方面中止或终止合作而不承担任何违约责任；对一方造成损害的，另一方应予赔偿。

合作期间，任何一方发生罢工、战争、其他各种军事行动、封锁、禁止进出口等事项，但对本合作无实质影响，本合同继续履行。若上述事项持续30天以上，且实质性影响双方合作，无法履行本备忘录义务方将事项发生情况及影响情况立即通知对方。

本《战略合作备忘录》一式陆份，双方各执叁份，经各方正式签署后生效。

甲方： 乙方：
授权代表： 授权代表：
日期： 日期：

关于联合国经济及社会理事会咨商地位

目前我国（含港、澳、台）获得联合国经济及社会理事会咨商地位的组织机构近百家，包括公益基金会、人才交流促进会等，其中甚至有极少数企业也成功申请。这些组织通过与联合国相关机构的联动，在国际事务、社会事务中发挥了很大的作用和影响力。

关于"什么是联合国经济及社会理事会咨商地位？""非政府组织如何申请经济及社会理事会咨商地位？""具有咨商地位的组织能参与哪些国际会议和活动？"，可从以下网络链接中查询：https://wb.beijing.gov.cn/home/wswm/mjwj/202210/t20221010_2831835.html。

活跃社群的方法

社群运营者最担心什么呢？就是社群活动没人响应，交流的微信群内也一片沉寂，这似乎是绝大部分社群的宿命。很多社群初创时成员们的活跃度较高，但随着时间推移，大家的参与热情总会越来越淡，发起人的信心也不可避免地产生动摇。

所以，怎样才能避免社群发展后继乏力的情况呢？怎样才能使社群内保持交流与协作，不断激发思想与活力呢？我们先来看一个关于"邓巴数"和亲密关系的理论。

人类学家罗宾·邓巴研究后发现，人类个体的社交规模有一个上限，体现为我们每个人的大脑只能记住150个人左右。因为大脑不仅要记得他们是谁，或者x和y有何关系，两人又与自己有什么关系，更要了解自己能够如何利用对相关个体的认知，在需要的时候利用那些社交关系。所以，150被称为"邓巴数"。[1]

并且，在人类的进化中，"邓巴数"社交规模呈现出"同心圆"关系：最中间的圆约5人（家庭生活），然后15人（洞

---

[1] 邓巴. 社群的进化［M］. 李慧中，译. 成都：四川人民出版社，2019：20–26.

穴聚集）、45人（社群规模）、135人（社会规模），每个圆（关系圈）以3倍向外扩大。同时，相互联系的频率则表现为——最亲密的5个人，每周至少联系一次；稍微疏远一些的15个人，每月至少联系一次；更疏远一些的45个人，每季度至少联系一次；至于最外层的约135个人，每年至少联系一次。[①] 所以，在一定的亲疏层次上，我们能够与之相处的人是有限的。社交圈中只有这么多席位，如果一个不认识的人突然变成了生命中重要的人，就必然有人被挤到下一个稍大一些的同心圆中，给他让位。由此我们不难理解，为什么很久不见的师长节日总要发句问候，为什么久未见面的朋友偶尔必须小聚一下，这些都是加强联络、加深感情的交往之道。对于本来就是弱关系社交的社群而言，更需要经常组织成员们一起交流，增进彼此的了解和信任，从而建立紧密的联系。具体怎么做呢？

用80%的心思运营核心层

与"邓巴数"社交圈相类似的是，产业社群也有一个社交"同心圆"。围绕社群发起人，最紧密的成员是"铁粉层"，然后中间"KOL层"，最外围是"基数层"。什么是铁粉？

[①] 邓巴. 社群的进化[M]. 李慧中，译. 成都：四川人民出版社，2019：27.

就是愿意投入并追随发起人，投入的主要是两点——时间、金钱。什么是KOL？就是Key Opinion Leader，指社群中的关键意见领袖。相对于外围基数层，我们把铁粉层和KOL层统称为核心层。

一般来说，核心层可能只占社群成员数的20%，但却贡献了80%的社群活跃度，所以我们要做的就是用80%的心思来运营核心层，激励他们，赋能他们，把他们树立为社群的榜样明星，从而带动、活跃外围层。

譬如，我们可以邀请核心层成员做专题分享，帮助他们打造个人影响力。因为每个人都有独特的经验和见解，通过分享可以将个人的知识、技能、经验和资源传递给其他成员，让他人获得启发并成长，也收获他人的点赞和支持。核心层起了示范效应，外围层的一些有趣灵魂也会被激发，当很多人都开始分享自己的经历和故事时，成员彼此间就会增加理解、欣赏和信任，形成一种相互学习、共同成长的活跃氛围。

定期交流是个好习惯

因为存在"邓巴数"和亲密关系频率，我们知道，产业社群要让成员从陌生到熟悉，再到进入彼此的社交圈，产生持续活跃的交流与协作，就最好以周、月、季度、年度来规划社群活动、内容分享等。

正如"双志精英会"[①]每期学习班都选出班委,负责组织每周一次读书会、每月一次投资路演和"识人宴"(即学员邀请值得结交的朋友给大家认识并一起吃饭);另外,我一个朋友的MBA同学会定下每月最后一个周六组织一次"小酒桌",促进大家聚会、交流,每年年末则举办"总结与展望"的年会。盛和塾每天早上七点半的盛和早自习直播连线,陆家嘴FOF联盟每周三下午的线下金融沙龙,浙大EMBA启真社每月月中的一场线下读书会等,这些做法都很值得参考。

这样的定期交流至少有三个好处:第一,保证适当的活动频率,不会太多,也不至于过少,更利于成员们保持稳定的社交联系;第二,让大家有个习惯,提前为想要参加的交流活动预留时间,避免有事产生时间冲突;第三,可以把社群交流控制在一定的时间段,避免打扰成员们其他工作、生活。

还有值得一提的是,日常交流活动最好是轻量级、无压力、好执行。譬如线上主题交流,包括好书推荐、名著精华分享、热点话题讨论、特邀专家大咖分享等,主题需要和产业社群相关,以提供内容价值为主;又或者线下轻松聚会,包括品

---

① 双志精英会是一家创立于2011年的创新型商学院,为企业家和专业型精英人士打造社交与学习平台。

茶、聚餐、city walk（城市漫步）等，在轻松的氛围中进行一些行业的探讨，以让大家相互熟悉为主。

总之，每个产业社群可以根据自身情况，找到最合适的定期交流频率、交流时间、交流方式和交流内容。

用福利营造惊喜

我们都有经验，哪怕在一个沉寂的微信群里发红包，也会被秒抢，然后看见一连串"谢谢老板"的表情。在这里，不提倡频繁用发红包、发福利来留住社群会员，否则就本末倒置了。以微信群红包为例，金额不在多，而在于抢红包的乐趣。我们要做的是，在社群本身的内容、向心力等都可圈可点的基础上，不妨再多一点接地气的活跃社群的方式。

会员中可能有人经营红酒庄，社群发起人可以组织活动邀请大家去品鉴；可能有人卖东北大米，可以赠送每人一包顶级大米；如果赠品贵重或数量有限，还可以玩一些抽奖游戏。这样既给了会员们福利和快乐，又能帮助赠与者扩大口碑宣传，外部很多商家也会乐于合作。所以，社群运营团队要适当给大家带来一些这样的福利。

此外，福利一定是物质的吗？为什么不能是某个人精心整理收藏的专业资料呢？又或者是实用攻略、有趣的图文和视频呢？这些都能引起大家的兴趣，从而活跃社群氛围。

  当然，除了以上三种方法外，最关键的是社群运营者们要认识到尽可能地满足会员的被尊重感。譬如：及时回复和点赞，让会员感受到被认可和重视，从而激发更多参与感；要能叫出绝大部分会员的名字，就像电影节主持人一样，在线上线下活动中要适时介绍并邀请某位会员发言，让其体会到被尊重。总之，只有拿出诚心、热情并尊重每一位会员，才能打破陌生和矜持，构建一个蓬勃发展、无限活力的社群。

仪式感与向心力

在《人类的算法》一书中说了一个有趣的现象：合唱似乎有一种特殊的神秘力量，许多人一起发出声音时就能够使手头的劳动不再繁重。作为人类喜爱的活动形式，合唱是最古老的仪式感之一。

同样，对今天的我们来说，仪式感也一直是个很有意思的话题。生活需要仪式感，可以让平淡的日子迸发出热情；品牌需要仪式感，用行为就能加强美誉度。

所以，产业社群要想更有辨识度，更散发个性与光芒，适当的仪式感是必需的，因为它将带来以下三点好处。

第一，文化彰显。

某个特定仪式可以是社群愿景、价值观的形象化体现，经过多种场合、跨越时间的不断展示，将成为社群文化的重要元素。在我很喜欢的一部影视剧《将夜》中，不同国别、不同宗派的礼拜方式各有不同，特别有仪式感。这些都是通过令人印象深刻的、外在的仪式，传达了自身的文化理念。

第二，集体意识。

社群会员共同参与仪式活动，可以加强归属感、被认同感和集体荣誉感，使社群凝聚力不断提升。在世界杯足球赛的每场比赛前，都会播放双方队伍的国歌，足球队员们跟随音乐一起高唱，那一刻他们心中有同一个信念，就是为祖国赢得荣誉。在好莱坞大片《特种部队》中，小组队员出征前都会手叠手，一起高呼"Hoo-ah"，那一刻会产生生死与共、有了彼此就能所向披靡的感觉。这就是仪式感所带来的集体凝聚力。

第三，宣传效应。

独特、经典的仪式环节可以使社群在外部建立起良好的形象，吸引更多关注和支持，进而扩大影响力。很多人到英国旅游，一定要到白金汉宫前看皇家卫队换岗仪式。在军乐和口令声中，士兵们做各种列队表演并举枪互致敬礼，彰显王室气派。在很多论坛活动中，会有一个启幕或庆祝的仪式环节，重要嘉宾们上台，一起手按大屏幕或一起推杆倒金沙等，主题隆重呈现，然后礼成。这些仪式环节都是很好的宣传素材，在传播中被一再引用。

总之，加强仪式感有助于提升产业社群的形象、增强凝聚力，可以让会员们主动深入了解并积极践行社群的核心价值，从而推动社群稳定运行和可持续发展。

那具体应该怎么做呢？根据很多社群以及其他社会组织的一些有意思的做法，有几点可借鉴。

第一，新会员加入的仪式感。

通过会员申请表和推荐人，展现社群的高门槛和圈层纯粹性；通过入群时主持人隆重介绍、其他成员热情欢迎，可以让新会员感受到社群文化，迅速破冰并融入社群；通过线下活动的新会员欢迎环节、新会员礼品赠与环节，把社群的仪式感做到极致。那为什么要这么重视新会员呢？因为这样最能传达社群珍视每一位会员的诚心。

第二，重要合作的仪式感。

无论是与重要机构达成战略合作，还是聘请专家作为顾问、导师，社群都可以制作精美的证书，在正式场合下双方握手合作、共同展示，并拍照记录这些重要时刻。这些留存的影像记录既方便新会员了解社群历史，又可作为社群对外宣传的素材。

第三，社群活动的仪式感。

社群经常举办各类活动，在合影中如果有专属的旗帜、横幅、手举牌等，将极大强化社群的品牌；如果合影者都系统一的围脖或围巾，有统一的口号，就更能提升社群的形象。所以这些物品平常要注意常备。

其他有意思的仪式感做法还有很多，需要大家去发掘、去创造。增加仪式感，就会让社群更有文化厚度，提高向心力。

数字化和组织效率

人类历史经验表明，用工具的人一定会淘汰不用工具的人。我们想做好产业社群，更需要有先知、先觉、先行的意识，在怎样用好数字化工具上多尝试，从而提升效率。

那么，产业社群运营哪些方面可能需要用到数字化工具呢？或者说有哪些基于人工处理却很麻烦的痛点呢？我们来看看这些方面存在的需求，以及可以用哪些数字化工具解决，包括免费工具和收费工具。

会员库管理

作为社群运营者，我们需要理解每一位会员的技能和资源优势，理解他们的需求，这样才能帮助会员进行链接和社群对外链接。这时，如果能有一个系统，会员可以自己打上身份标签，备注自己的资源和需求，就方便社群内其他会员搜索和链接，极大发挥社群资源效率重建的作用。

此外，为了更好地服务每一位会员，我们可能需要了解他们最近一次活跃的时间、会不会有段时间没活跃，以及一年中参加了几次社群活动、分别是参加什么活动。这时，有一个系统可以查询当然比人工查询要简单快捷多了。

关于会员库管理，目前还没有可以直接使用的、现成的数字化工具，另外每个组织都需要保障会员隐私和数据库安全，所以一般会定制App或小程序，利用数据库达成这些功能。同理，社群的专家库、合作资源库如果要使用数字化工具，也需要建立在App或小程序基础上（这里推荐低代码搭建的方式，对非技术用户也很友好，可以提高App或小程序的开发速度，同时降低成本）。

图4-2　参考示例：正和岛App　　图4-3　参考示例：青橙会小程序

活动发布及报名管理

如果社群有了专属的App或小程序,将极大地提升运营效率,甚至运营人员都无须耗费大量时间在活动发布事项的对接上,只需要活动组织人员提交,然后运营人员在后台审核就可以了。

而现成的活动发布及报名管理工具已经出现。譬如活动行(目前国内最大的活动发布类App)、粗门(目前户外活动类最好的垂直App),这些平台具有免费发布活动、接受报名和收款、电子票务、快速签到和名单管理等一系列功能。对于大型会议和特殊活动,这些活动平台还支持设置非公开活动、定制活动网址或专属二级域名等。

内容沉淀管理

产业社群作为高密度人才的社交与协作网络,必然会输出很多好的内容(包括文字、图片、视频等)。怎样方便查询?怎样能够让新会员学习到以往的内容?这就需要平台具备存储和检索的功能。

知识星球就是这样一款可以沉淀和管理内容的社群辅助工具,它的功能还包括知识收费、粉丝管理、多权限设置等。很多优秀的社群，尤其是重视内容的社群，都已经在知识星球上建立了免费或收费的星球，可以与会员深度链接。

微信群管理

社群的很多交流是在微信群中进行的，怎样才能第一时间监测群内出现的敏感词？怎样才能解决重复问题需要多次回复等问题？群机器人可以减轻运营人员的很多工作量，企业微信、WeTool Pro、WeBot助手等工具都具有这样的功能。

譬如，企业微信可以设置入群欢迎语、群关键词自动回复、自动踢人、群黑名单等，WeTool Pro还可以做群统计、打卡积分等，WeBot助手也是一个功能齐全的微信群管理专业工具。总之，这些工具能够帮助群主更有效地管理微信群，提升群活跃度，提高运营效率。

可以说，数字化管理一定是趋势，产业社群应该尽量多运用数字化工具来辅助运营。常有人问我，产业社群应该什么时候开始建数字化管理系统（譬如建一个社群专属小程序）呢？这对发起人和运营团队来说似乎也是个问题。

在社群刚刚建立时，会员不多，微信群与Excel（电子表格）就解决问题了；在社群快速发展时，运营团队一心扑在如何提高影响力上，活动和内容才是王道；在社群规模很大时，改变工作习惯、整理及迁移庞大资料会让人望而却步。所以，理性来看，社群快速发展阶段是建立数字化管理系统比较适合的节点。我个人的建议是，当会员人数超过200或社群运营步入正轨时，就需要尽快建立数字化管理系统。

实现社群的"自我造血"

很多社群负责人会受困于运营经费,所谓巧妇难为无米之炊,怎样进行合理的商业化?这是一个值得探索的命题。从大的方面来讲,产业社群的"钱景"可以来自三个渠道:向会员收钱(会员付费模式)、向合作商收钱(赞助—回馈模式)、向市场收钱(项目营利模式)。下面我逐一解析。

会员付费模式

社群顶层设计中讲了一个产业社群需要明确它能为会员解决什么问题,也就是它能提供什么价值。而这个价值如果是被会员认可的话,作为交换条件,自然有会员愿意支付一定费用以换取留驻社群的资格。要不要向会员收钱呢?社群负责人一般会面临两种状况。一是不敢,担心收费就吸引不来会员,这时其实要解决"价值"问题。二是不想,这时又分为不想被"收费—交付"所约束,纯粹为了兴趣、理想,这种本身不想商业化的社群当然也不在本书讨论范围内;另外还有一种是不想向普通会员收费,而是希望更多会员加入,在适当的时机再成立收费制的私享会、私董会,那么未来可以给这些高级会员提供什么价值也是一开始就要想清楚的。又或者坚决不向会员收费，而希望通过其他方式商业化，这就回到本书开头所述，社群负责人是否有信心找到赞助或通过项目来赚钱，别无他途。

分析了以上情况，如果决定采取会员付费制，我们就需要明确两点：一是付费一定要建立在完善的价值交付基础上，并且这种价值要和产业社群的使命、愿景相符合，也就是付费制逻辑和社群发展逻辑必须能够自洽；二是会费标准，目前可参考的是，一般商会的会费每年是2000~20000元，企业家私董会的会费每年是2万~10万元，相差较大，具体要视交付价值而定。

我认为会员付费模式有一定可取性，它有三点好处：一是验证了社群存在的合理性，因为会员们需要用真金白银来支持；二是可以让社群运营团队获得回报，以便更用心、更持续地为会员创造价值、提供服务；三是付费客观上成为一种筛选的方式，凡是交了钱的会员更珍惜社群活动的机会，参与度也更高。所以，在要不要向会员收费这件事上，社群负责人需要有系统性的思考。

赞助—回馈模式

首先，我们要思考向谁找赞助，或者说谁可能会给产业社群有力支持。一般而言，赞助方主要是以下三种。

一是政府相关单位。

尤其是招商、人才、企服等单位，每年都有招商引才指标、活动任务。产业社群可以在相关工作上协助这些单位，如果有高层级嘉宾，有前沿和深度内容的活动，一般都能争取到支持。另外，工商联、侨办等单位也可以给予支持，帮忙牵线赞助方，产业社群平常都要加强维系和沟通。

二是产业园。

因为有租售任务，需要链接大量企业、人才，需要加强园区文化，所以产业园会是产业社群的鼎力支持者。但要注意的是，产业园比较注重实效，活动最好能在园区内举办，来宾要符合其目标客户，形象调性要与其品牌相匹配，产业园一般也追求费效比，费用上控制较严格。产业社群和产业园的合作，双方需要多为对方考虑，才能找到最佳的合作契机。

三是大企业。

譬如大企业初创生态部门的主要职责，就是到产业生态圈中寻找一切创新的力量和萌芽的趋势，所以它们往往对产业社群情有独钟。此外，大企业的技术部门要促进交流，公关部门要加强影响力宣传，很多也会借助产业社群的力量，因此它们对产业社群总是乐意提供各种支持。关键是产业社群自己要有策略、有想法，才能更好地与大企业互动，甚至共创。

其次，面对潜在的赞助方，产业社群怎样才能打动对方呢？核心还是在于价值交换，以下是找赞助的价值交换技巧。

价值一：带内容。

无论是政府相关单位还是产业园，它们都需要在特定区域、空间加强产业创新氛围，提升创意浓度、人才密度，就像硅谷充满了科技风格、华尔街到处是金融家交流一样。而氛围来自内容的聚集效应，产业社群是内容的制造方、氛围的催化剂。

价值二：带项目。

常见的是企业考察交流、项目路演、产业资源对接会等，赞助方作为活动主要参与者，可以从中接洽一些优秀项目及未来的独角兽企业。产业社群需要做的是了解多方的需求，为高质量的接洽创造机会。

价值三：带人才。

产业社群站在公共立场，可以邀请很多高层次人才、行业大咖、专家、海归等。对于产业园、大企业来讲，都非常希望能链接这些人才资源,通过交流寻找合作机会。这也是产业社群受赞助方青睐的价值之一。

价值四:带流量。

往往产业社群举办活动,都会通过现场场布、自媒体、大众媒体等多渠道进行宣传。赞助方作为合作伙伴,可以在活动宣传中进行推广植入。尤其是权威媒体、流量媒体、吸睛的活动打卡点等渠道,对赞助方是有吸引力的。

价值五:带客户。

这可能是赞助方最热衷、最受用的价值,因为能为其带来直接效果。将政府的招商引资客户、产业园的租售目标客户、企业的KOC(关键意见消费者)等带到活动现场,通过活动现场接待台、播放暖场视频、资料入袋、宣讲环节等,直接面向潜在客户进行宣传,这是所有赞助方都乐于参加的。

总之,打动赞助方的点有很多,每一次都应该"因地制宜",进行有针对性的宣传。还有一点就是关于赞助形式,如果能争取到场地赞助、活动礼品赞助、嘉宾酒店赞助,以及其他避免经费开支的资源赞助等,是非常好的。

项目营利模式

产业社群因为有平台、人才、资源的优势，也可以通过项目制来获得利润，具体有以下七个市场化方向。

1. 活动相关收入

产业社群举办的各类活动（譬如高峰论坛、大咖分享会等）本身具有品牌价值，可以设冠名等赞助方式；而参访巨头企业、精英高端局等，会让很多非会员感兴趣，可以设部分可售门票；此外，协助政府、产业园、大企业等策划及承办活动，也可以获得策划服务费用。

2. 周边产品收入

如果产业社群具有一定影响力，甚至通过舆论"破圈"了，可以开发一些高颜值的周边产品，譬如商业日历、文创笔记本、艺术环保袋、定制小礼品等，融入产业社群的理念，一定很受欢迎。像清华大学五道口金融学院定制的掼蛋扑克牌、阿里校友会专用的"阿里陈"酱酒，都是叫好又叫座。

3. 社群流量收入

社群是一个私域流量池，可以在群内发布内容中植入一些产品和服务的宣传，并向广告主收费。但需要注意的是，这种宣传要符合社群本身目标、符合会员利益或兴趣，这样的推广更自然。譬如，开源学习组织Datawhale的做法就很好，为大企业软件做推广和帮助会员一起学习，两者无缝结合。总之，赤裸裸地打广告和在有价值的内容分享中做推广，其中诚意是高下立判的。

4．会员共创收入

这是基于产业社群内要有知识"大牛"、技术"大牛"，能够以共创的形式对外提供项目服务，类似智库为出资方提供专题研究一样；也可以创建产业社群的知识星球，社群最有价值专家（Most Valuable Professional，MVP）一起为星球粉丝提供知识付费服务。在此基础上，社群和参与共创的会员都可以获得收入，提升影响力。

5．居间服务收入

这是基于社群骨干人员中有较强的业务型人才，可以协助政府招商引才，为产业园租售牵线，给大企业提供猎头服务。在这些方面都会有服务收入，而产业社群正好有资源优势。

6．空间运营收入

很多地方政府开设了企业孵化器，需要由专业的团队来运营。譬如在杭州，G5海归创投社群帮助未来科技城管委会运营了"国际创客港"，拓圃团队与萧山区合作运营了"Founders Space杭州中心"。在孵化器空间运营上，产业社群有人才、项目等优势。

7. 战略顾问收入

在社群运营中可以发掘有潜力的项目,作为战略顾问加入并获得其部分股权,然后进行项目陪跑,从想法到IPO(首次公开募股),利用产业社群资源为其赋能,在项目成功后可择机退出。当然,如果不拿股权的话,也可以商洽收取一定的顾问收入。

总之,产业社群基于以上三大商业化模式,是有可能实现"理想先行,顺便赚钱"的。当然,无论会员付费、找赞助还是项目创收,其背后都是产业社群提供了价值。能给别人带来多大价值,就能获得多少尊重和支持,这是放之四海而皆准的道理。

表4-1 大型论坛活动招商-赞助权益(示例)

权益		总冠名	晚宴冠名	参会证冠名	座椅冠名	饮用水冠名	演讲席	展位
费用								
全程推广	微博、抖音、小红书等官方媒体热搜榜,累计曝光2000多万次							
	3000部电梯广告同时宣发植入							
	会后演讲内容全网分发植入							
	主办方在大会群内推荐介绍(微信名片、二维码等)							

权益		总冠名	晚宴冠名	参会证冠名	座椅冠名	饮用水冠名	演讲席	展位
费用								
场内宣传	暖场宣传视频播放							
	主持人播报植入（口播不低于3次）							
	大会主KV（主视觉海报）背景板（logo植入）							
	独立展位							
	宣传资料入袋							
	安排演讲推介环节							
精准社交	大会VIP门票10张							
	晚宴门票3张							

第五章　活动与影响力

"无活动不社群",因为成员们只有在线下见面,彼此才会更熟悉,更有利于深度交流与协作。关键是怎样才能成功举办重量级活动,让社群的影响力更上一层楼?怎样才能高质量举办日常活动,让成员们乐于参加、促进社群交流呢?

在本章,首先讲解让活动有吸引力的六个切入点,希望在活动主题策划方面给大家以启发;然后拆解5W3H的活动方案模板,让不懂活动策划的人也能迅速掌握要点,做出精彩的活动方案;接着从执行细节出发,以一场大型论坛为例,列举活动执行全流程必须重点关注的点,起到提醒作用;最后从产业社群常见活动出发,讲解分享会、研讨会、路演会、工作坊、游学活动、联谊活动等执行要点,让大家能即学即用。总之,做一个社群活动的策划高手,其实并不难。

让活动有吸引力的六个切入点

举办活动最担心的是没人来,最尴尬的是来的人早退场。说到底,怎样才能举办一场有吸引力的活动?怎样才能让嘉宾满心期待地前来参加,兴致高昂地融入现场,又不虚此行地回味活动细节呢?以下六个切入点可以参考。

1. 热点

产业技术有新突破,譬如AI新应用的横空出世、抗衰老新药的问世等,会引起很多人的浓厚兴趣;或者国家有重磅政策发布,譬如金融一揽子政策的实施、房地产新政的转向等,也会引起很多关注;一些社会热点事件也可能促发产业界的思考。这时,如果能快速举办有关的主题活动,就会吸引很多人参加,相当于站在流量的风口,借势提高产业社群影响力。

2. 痛点

国家会面临卡脖子技术的难题,城市会头疼产业竞争力不强的掣肘,产业本身会有发展周期和低谷,而企业可能遭遇来自各方面的问题。有没有解决方案?未来趋势会怎样?这些是很多人关心的。围绕这些痛点,产业社群可以举办有实操意义的主题分享,吸引产业生态圈的精英们参与,共同交流与探讨。

3. 痒点

试想：如果有一场凯文·凯利的分享会，互联网科技爱好者们必定蜂拥而至；如果马斯克做演讲，很多人不惜千金也要买一张门票。一些场所难得一去（譬如马云的太极禅苑），一些事物难得一见（譬如顶级艺术藏品）等。凡是一场活动提供了难得的机会，并能带来不一样的思想和身心的价值，就会让很多人心痒难耐、想办法也要参加。

4. 同话

产业社群聚集的是同一个产业生态圈的人或同一种精英身份标签的人，有着共同价值观。他们关心行业的发展趋势，关心技术的应用，关心市场的机遇。所以，在会员间总能找到共同的话题，或讨论，或请专家分享，在思想的碰撞中给大家以启发。举办这样的活动非常能体现产业社群的价值，也是大家乐于参加的。

5. 同好

为了加强会员之间感情联络，产业社群也可以围绕大家的共同爱好，举办一些非专业相关的休闲活动。譬如掼蛋、德州扑克是很多人热衷的，跑步、打球是很多人热爱的，钓鱼、品茶是很多人有瘾的。在轻松、惬意的活动中聊聊人生和理想，聊聊对行业发展的认识，成员会加强沟通与了解，促进彼此的情谊。

6. 同创

思想的交流必须在实践中去验证，所以产业社群鼓励共创。常见的就是以工作坊的形式，让有兴趣、有能力的会员聚在一起，共同完成一个项目。这是一种深度参与的活动，带来更多的交流、协作及完成后的成就感。需要注意的是，共创项目的意义和价值决定了会员们参与的热情。

从以上六个切入点可以看出，要想让活动有吸引力，主要是抓住人的兴趣点、情绪点。有时，也可以通过群内调查让会员们投票选出最感兴趣的活动。

另外，转变角色，让会员自主举办活动，而社群负责给予支持，也不失为一个好方法。就像在全国闻名的网红社区阿那亚，开发商成立了一个梦想组织者团队（Dream Organizer, D.O），既是业主会员们的超级玩伴，也是活动组织者，还是各项活动的友善教练。目前，在这个社区里，大多数活动的发起人都是业主会员，D.O只是辅助者，提供场地支持、组织支持等，帮助会员们举办活动。如此一来，在社群生态下，大量丰富多彩的活动就能够轻松落地。

总之，活动可以调动起会员的参与热情。大家的积极性就会越高，产业社群的黏度也会越强。

用5W3H打造完美活动方案

活动方案的基本原则：条理清晰、有亮点、可执行。

具体到产业社群的活动，因为有时要向政府相关部门领导汇报方案，有时要与合作伙伴沟通方案，而与团队一起讨论方案更是经常需要，怎样写出一份让大家认可、称赞的方案非常重要。当然，这也是有技巧的。下面我就介绍一个非常有用的活动方案撰写方法：5W3H（共八个部分，每个部分的英文首字母为W或H）。

一、Why：活动目的

为什么办这次活动？在方案的开头需要交代清楚，因为这是整个方案获得别人认同的大前提。如果在目的方面就不能说服别人，那后面的方案内容再精彩也缺乏吸引力。

在这部分有三个重点：一是背景，办这次活动是基于什么特别的情况、特别的需要而举办的，如果有就需要开宗明义；二是意义，办这次活动的意义是什么，需要有高屋建瓴的思考；三是价值，办这次活动能带来什么好处，需要有很实际的考量。

活动目的=背景+意义+价值

二、What：活动主题

办一场什么活动，主题是给人的第一眼答案。并且，提炼一句好的主题，就像是画龙点睛，让整个活动更有吸引力，其重要性不言而喻。

活动主题分为主标题与副标题。主标的作用是高度概括活动内容，一般会以修辞手法带动情绪，重点是要叫得响；副标的作用是对主标进行补充解释，让活动内容更一目了然，重点是要精准且直白。譬如"AI引爆未来——中国人工智能高峰论坛"，主副标题结合可以很好地阐明活动主题。

活动主题=响亮、能带动情绪的主标题+精准、直白的副标题

三、When：活动时间

重要的活动可以放在一年中重要的节点；有重要人物出席的活动，需要以他的行程档期为准，这些是要至少提前一个月规划和沟通的。

另外，产业相关、学术相关的活动宜放在工作日，兴趣相关、休闲相关的活动宜放在周末，这样便于邀请嘉宾参与。具体到一天中，上午的好处有开启新事物的内涵，下午的好处是时间相对充裕，晚上的好处则更轻松。需要注意的是，初选了活动日期和具体时间后，查一下当天天气预报是非常必要的，尤其是户外活动。

四、Where：活动地点

好的活动场地能为活动增色不少。譬如我见过一些有意思的活动场地，带同声传译系统和投票系统的国际会议厅（主打"高大上"），像大教室一样的亚马逊会议室（主打互联网文化），园区或景区里可品茶的会议室（主打休闲感），等等。

活动场地可以多从跨行业、跨文化、跨人群的角度去搜寻，给参与者带来新鲜的场域感。当然，关键是活动场地调性和活动本身调性需要相符合。

五、Who：活动嘉宾

首先要考虑的是人数，涉及活动的规模、场地、费用等，所以对各个渠道可邀请的嘉宾人数需进行预估；其次要明确活动的重要嘉宾，譬如领导嘉宾、演讲嘉宾、前排座席嘉宾等，因为这些人决定了一场活动的级别和影响力。

有时，重要嘉宾不能现场出席，也可以用实时连线或视频演讲的方式（为了保证活动效果，大部分采取录播，以模拟连线的视频进行切换）。此外，邀请知名机构、大企业的嘉宾参与，也是彰显活动级别比较好的做法。

六、How：活动呈现

作为活动方案的主要部分，活动呈现包括活动亮点、活动内容、活动流程、现场布置。

1. 活动亮点

为了迅速抓住看方案者的眼球，勾起其兴趣和热情，可以在活动呈现部分的一开始就提炼出核心的亮点环节、亮点场布、亮点物料，把最有创意的点通过简洁文字、条列式描述出来。

2. 活动内容

这是参与者真正最关心的部分，能不能看到珍贵的展览、听到精彩的观点、体验到身心的愉悦，是否值得花时间专门参加这个活动，是非常重要的。举例来说，如果活动中有主题演讲，谁来讲、讲什么、需要重点突出什么方面，要做好规划。只有高质量的内容呈现，才能让参与者有获得感。

3. 活动流程

暖场迎宾是一个容易被忽略的环节，无论是播放暖场视频还是乐队演奏暖场，或者主办方接待人员主动迎接，都需要让嘉宾一到现场就能有良好的体验感。正式活动环节中，以一场大型活动为例，如果把领导讲话、主题演讲视为静场效果，那么视频欣赏、启动/授牌/颁奖仪式、表演及互动等就是动场效果，需要动静结合才能让活动内容饱满而立体。此外，圆桌对话、项目路演、嘉宾合影、媒体采访等则往往放在大型活动的最后环节，起到轻松收尾的完美效果。

4．现场布置

签到区、舞台区、展示区、茶歇区是场布的重点区域，需要在造型、材质、色彩、灯光上详加考虑。此外，为了勾起来宾拍照发朋友圈的欲望，打造酷炫、文艺等不同风格的打卡区，则会让活动具有更令人惊艳的效果。

七、How Spread：活动推广

在传播界一直有"小活动，大推广"的说法，意思是在塑造品牌影响力上，即使小活动也可以放大宣传声量。同理，产业社群要加强在政府、行业、会员等层面的影响力，也应该利用每次活动的机会进行宣传。以下是活动的前中后期宣传的参考，视具体情况调整。

1．前期宣传

第一波（启动）：短视频或海报重磅预告。

第二波（炒作）：重要嘉宾出镜、媒体集中宣传进行预告。

第三波（倒计时）：微信海报、户外大屏等倒计时。

2．中期宣传

第一波（云相册）：现场照、活动照陆续上传。

第二波（直播）：视频平台直播、大众媒体文字快讯。

第三波（刷屏）：精选活动照、短视频供朋友圈转发。

3．后期宣传

第一波（回顾）：活动回顾长图文集中发稿。

第二波（解读）：不同视角大V[①]深度解读。

第三波（案例）：以案例形式在业内分享。

由以上供参考的宣传规划可以看出，掌握宣传节奏、确定媒体组合及投放、拟好具体传播内容是活动宣传的三个重点。此外，值得一提的是，善用"符号+关键词"可以加强活动的话题效应。譬如前宣用#AI引爆未来#形成系列话题，中宣用"@中国人工智能大会"让活动信息大量曝光。

八、How Much：活动预算

每场活动都是有费用限制的，提前做好预算非常必要，具体可参考《活动费用预算表（示例）》（表5-2）。此外，除了预算，也可以把预期活动效果在这部分简单阐述。

---

① 大V指在新浪、腾讯、网易等微博平台上获得个人认证，拥有众多粉丝的微博用户。

产业社群活动主题词参考

动词：

洞悉、预见、前瞻、直击、聚焦、对话、驱动、突围、再造、重塑、重构、迭代、复盘、赋能、布局、协同、联动、共创、跨越、激活、引爆

名词：

视野、格局、路径、维度、全景、生态、价值、未来、动力、趋势、秩序、赛道、商机、变局、密码、逻辑、闭环、基因、数字化、周期、挑战、体系、矩阵、塔尖

形容词：

深度、多元、极致、硬核、创新、可持续、全流程

活动名称后缀：

高峰论坛、峰会、大会、交流盛典、私享会、发布会、解析会、研讨会、圆桌会、酒会、沙龙、科技节、慈善晚宴、××之夜

表5-1 活动宣传执行表（示例）

媒体推广及预算				
日期	步骤	主题	媒体	费用（万）
×月×日	前宣第一波（重磅预告）			
	推广部分合计			

表5-2 活动费用预算表（示例）

活动执行预算（以下为暂估，以具体核价为准）			
序号	类别	内容	费用（万）
1	现场布置	入口门头（钢架结构、立体字、LED电子屏）	
2		签到墙（镜面玻璃矩阵）	
3		舞台、大屏（10米宽×3米高）	
4		空飘10组、5米注水道旗30组	
5	启动仪式	启动道具、冷焰、礼花	
6	演讲嘉宾	车马费	
7	演职人员	主持人1位、中外籍礼仪各2名、摄影摄像各1名	
8	餐饮	自助餐（××人，人均××元）	
9	伴手礼	礼品（××人，人均××元）	
10	其他	活动公司服务费、税费、不可预计费等	
		活动部分合计	

注：根据实际情况可增删。

执行力之魔鬼藏在细节里

SpaceX的猎鹰1号是全球第一个由私人制造的、从地面进入太空轨道的火箭,创造了历史。但就连这么伟大的事业,也差点毁在细节里。[①]

当时,第一次火箭发射失败是因为火箭在升空中发生了燃料泄漏,而泄漏源自一个小小的、用来固定燃料管线的B型螺母,发射地的海风把这个用轻质铝制作的螺母腐蚀了。

第二次火箭发射失败是火箭进入外太空后,因为第二级火箭内很小的燃料晃动所造成的。而在SpaceX团队进行的各种计算机模拟中,这个因素被排在十大风险因素之外。

第三次火箭发射失败是因为助推器发动机的冷却系统在太空真空环境下,残余燃料燃烧时的微小喷发让助推器突然上升了30厘米,撞上了第二级火箭。

好在SpaceX洛杉矶工厂里剩余的零件刚刚够造第四枚火箭,在马斯克几乎破产的绝境之下,第四次发射成功了。一个螺母、一次燃料晃动、30厘米误差,差一点就挡住了SpaceX的

[①] 艾萨克森. 埃隆·马斯克传[M]. 孙思远,刘家琦,译. 北京:中信出版集团,2023:158.

太空探索事业的步伐。

所以说，细节决定成败。对于产业社群活动而言，活动方案是基础，活动执行力才能决定最终的呈现品质。譬如，以一场大型论坛活动为例，具体需要做好以下五点：计划、邀约、彩排、迎宾、场控。

一、做好计划

活动的举办日就是最后期限，从这一天倒推，必须确保所有事项都已准备完毕，所以编制无遗漏的《活动执行计划表》非常重要，详见表5-3。

二、做好邀约

设计活动邀请函（含报名二维码），用于微信群转发及参与者统计；经审核后，把成功报名的参会者拉入活动微信群，以便活动通知；重要嘉宾则一对一邀约，并在活动前一周、前一天进行确认。总之，以确保参会嘉宾质量和人气为标准。

三、做好彩排

按照活动时间顺序，依次把每个环节的主持人串场、舞台大屏画面、音响配合、礼仪配合、道具配合等过一遍，发现问题并及时调整。现场布置细节、工作人员精神饱满度也是要注意的。

四、做好迎宾

有四点比较重要：一是停车指引、嘉宾车位要提前安排好；二是确认重要嘉宾到场时间，安排专人迎接，定好接待动线；三是引导嘉宾签到，工作人员做好签到表登记；四是根据嘉宾座席表，引导入座。

五、做好场控

尤其在大型活动中，现场千头万绪，必须确保事事有人负责（可招募志愿者）。参照《现场岗位分工表（示例）》（表5-4）、《活动环节总控表（示例）》（表5-5），可以做相应的提前安排。

总之，一场活动从立项到执行完成、总结评估，是由数十上百个细节所组成的，而每个细节处理不当都有可能影响活动效果，我们需要有足够的细心，并严格根据工作表——排查及落实。

表5-3　活动执行计划表（示例）

序号	工作计划项	工作内容说明	完成时间	负责人	备注
一、关于活动方案					
1	方案初版	主题、时间、地点、嘉宾、议程、预算等			
2	方案确定	团队沟通、合作方沟通			
二、关于嘉宾邀约					
1	邀请函				
2	领导嘉宾				
3	演讲嘉宾				
4	前排座席嘉宾				
5	参会嘉宾（社群）				

活动执行计划表						
序号	工作计划项	工作内容说明	完成时间	负责人	备注
6	参会嘉宾(合作方)				
7	参会嘉宾(媒体)				
8	主持人				
三、关于活动筹备					
1	团队协调会				
2	活动搭建公司确定				
3	场布方案及KV				
4	物料设计	打Call牌、签到板、工作证及嘉宾证、各环节舞台LED屏画面等			
5	暖场视频				
6	串场视频				
7	随手礼	含礼品贴、手提袋			
8	礼仪及服装				
9	嘉宾排位表				
10	酒会环节	菜单、音乐等			
11	嘉宾交通提醒	活动地址定位、驾车及公共交通指引、停车指引			
12	嘉宾座席表、椅背贴				
四、关于致辞及演讲PPT					
1	致辞稿				
2	演讲PPT	需符合舞台大屏尺寸比例			
3	圆桌对话大纲				
五、关于活动宣传					
1	媒体排期				
2	内容创作				

注：根据实际情况可增删。

表5-4 现场岗位分工表（示例）

现场岗位分工表				
岗位	点位	姓名	联系方式	备注
总指挥				
总协调				
VIP接待组		（组长）		
停车指引组		（组长）		
来宾签到组		（组长）		
座席引导组		（组长）		
宣传对接组		（组长）		
后勤支持组		（组长）		

注：根据实际情况可增删。

表5-5 活动环节总控表（示例）

活动环节总控表				
时间	项目	内容	备注	负责人
活动前1天——物料进场和活动准备				
08:00–09:00	设备进场	大屏、音响		
09:00–16:00	搭建	大屏搭建、音响安装		
16:00–17:00	剩余物料摆放	靠背椅、外场造景布置		
16:00–18:00	素材调试	音乐、大屏素材测试，内部顺流程	暖场视频和各流程大屏画面给到	
活动当天——现场彩排和活动准备				
10:00–12:00	技术调试，巡场	1. 查看场布的布置 2. 内容是否出错 3. 设备调试		

活动环节总控表

时间	项目	内容	备注	负责人
11:00	花艺到场	1. 胸花 2. 演讲台花		
11:30	摄像、摄影拍摄工作开始	1. 空镜短视频 2. 九宫格照片		
12:00	主持人、礼仪、化妆师到场	化妆师化妆		
12:30	到场最后检查	1. 所有搭建物料 2. 礼仪点位 3. 茶歇摆放		
13:00–14:00	彩排	1. 主持人（熟练主持稿、模拟流程） 2. 礼仪（引导嘉宾上台） 3. 音响（声音大小、电流声）		
14:30–15:00	签到接待	1. 嘉宾休息区 2. 茶歇准备		
活动当天——活动正式开始				
14:30–15:00	签到接待、暖场	嘉宾休息区准备		
	主持人画外音	提醒活动开始时间		
15:00–15:03	开场视频			
15:03–15:05	主持人开场			
15:05–15:10	领导致辞			
15:10–16:30	主持人串场			
	演讲嘉宾一			
	主持人串场			
	演讲嘉宾二			
16:30–17:00	主持人串场			
	论坛环节			
17:00	主持人致结束词			

注：根据实际情况可增删。

各类活动策划执行要点

产业社群以高密度人才的交流、分享、协作为核心,所以举办的活动区别于其他类型社群活动,以突出认知价值、商务合作价值为主,具体包括分享会、研讨会、路演会、工作坊、游学活动、联谊活动等六大类。下面我逐一来解析这六类活动的策划执行要点,以便社群活动人员可以快速掌握和运用。

分享会

分享会最重要的是:分享什么?谁来分享?

1. 分享什么

可以就新技术、新政策、新公众事件等热点,分享其过往脉络及未来趋势;也可以围绕专业经验、行业观察、人生思考等,分享个人的沉淀和追求。

需要注意的是,因为分享的内容就是整场活动的最大价值,所以一定要加强对内容的预控。如果了解分享者的专业素养、演讲风格,发生内容翻车的概率就会小很多;如果不太了解,就需要与分享者多沟通。可能的情况下,在活动前请分享者尽量提前提供演讲PPT,以便心里有数,或者有时间协助其进行内容微调、排版美化等。

2. 谁来分享

最理想的当然是找知名大咖。他们作为公众人物，经常需要在公开场合分享观点，而且有自己独到的见解。这往往源于他们日常大量的学习输入，密集的考察、交流和信息获取，以及深度的思考。

怎样才能邀请到知名大咖呢？通过友群（专家库中是否有合适的人），通过人脉资源深厚的师长、朋友、同学（也许能链接到某位大咖）。一般而言，这些公众人物对产业社群活动持比较支持的态度，尤其是名校海归社群更容易邀请到知名大咖。

除了具有个人知名度的大咖外，也可以邀请知名机构的重要人士，譬如高校教授、研究院相关负责人、明星企业创始人、大企业CTO（首席技术官）、投资机构高管等。他们具有很强的知识结构，对行业有深入的洞察，能够带来宏观的视角和大体系内的方法论。有时也可以邀请某位会员来分享。因为他们可能会带来行业一线的感悟和更接地气的思考，让大家有更多的思想碰撞，也促进了社群内彼此的了解和交流。

此外，有一点容易被忽略，无论大型分享会还是小型主题讲座，活动方都需要把听众身份特征、重要嘉宾身份等信息详细告知分享者,以便其演讲有针对性,也就是知道在对谁讲,演讲中也会更有互动性。

研讨会

研讨会最重要的是:讨论什么?怎样主持?

1. 讨论什么

可以讨论新技术、新政策等热点,讨论市场、供应链、人才、技术、财税管理等行业普遍痛点和解决方案,讨论成功、失败、难解的案例,或者同读一本书、讨论书中思想及如何实践等。活动主持人可以列出几个当期备选主题,请群内会员们投票选出最感兴趣的。

在正式讨论时,围绕该主题,主持人可以提出多个开放性的问题,以便大家既聚焦主题又能展开讨论。什么是开放性、而非封闭性的问题呢?比如,当主持人问"AI对人类是不是一种好的选择",那么只有"是"和"不是"这两种回答,讨论就很受局限;而如果主持人问"面对AI的发展,人类应该如何选择",就可以获得开放和深入的讨论。主持人还可以更进一步,对问题加上适当的前提和目的,"在构建出完善的AI伦理之前,人类应该如何选择,才能既从AI获益又避免可能的风险呢",这是一个经过思考的问题。而一个好的问题,往往比找到答案本身更重要!

2. 怎样主持

研讨会主持人的职责就是激发更多的思考和更精彩的观点。

一场研讨会一般不宜超过20人参加(旁听者不计入),否则每个人表达观点的时间很有限,就很难有深入的探讨。所以,建议研讨会参加者采取"报名制+主持人邀请制"。即根据报名顺序,大多数名额给报名者,但一定要留几个名额,以便主持人邀请专业、思维活跃、善表达的人一起参加,发挥讨论的鲇鱼效应。

在正式讨论前,可以先由某位资深人士就主题做观点分享,或者由主持人抛砖引玉,把大家带入思考的情境。开始讨论后,可以先有圆桌环节,即每位参与者都要发言,每人三分钟,有专人提醒发言计时;然后是对话环节,即随意发言,支持某种观点或进行辩论。主持人要注意控场,话题纠偏,启发思路,聚焦讨论。

怎样才能启发参与者输出更好的观点呢?介绍几个有效的方法:一是多视角,从不同主体(譬如政府、企业、公众等)角度看问题;二是逆思考,从常识的反面来想问题;三是极端法,把现在的问题无限放大或缩小,看看在极端情况下会是什么情况。

总之,好的主持人是一场研讨会的灵魂,就像交响乐的指挥一样。

路演会

路演会最重要的是:路演项目邀请、重要参与方邀请。

1. 路演项目邀请

一场路演会是不是吸引人,主要看路演项目是不是有特点、有"钱"景。譬如很火或很有意思的赛道、新颖的商业模式、令人惊艳的产品体验、很有特色的创始团队等,人们总是希望见证新的创业明星诞生,希望看到世界更多的可能性。

怎样才能找到这些有潜力的项目呢?各种创投圈、创业大赛、高校创业平台、产业孵化器等都有很多创业项目,以及已经拿到了天使轮、Pre-A轮、A轮、B轮融资的项目,需要去发现其中的"金子",去了解项目团队的需求,才能知道举办怎样的路演会可以真正帮助他们。

2. 重要参与方邀请

一场路演会的目的是什么,是否能达成一定的效果,除了路演项目本身很重要外,也取决于有没有邀请到对的参与方。

如果目的是推广,帮助路演项目获得更多关注,那就要尽量多邀请有影响力的大众媒体、专业的创投媒体,活动名称往往是"××创新主题媒体发布会";如果目的是项目与资本的对接,打造创新项目投融资的平台,那就要定向邀请有实力的、感兴趣的投资机构或者大企业CVC,活动名称往往是"××创新主题投洽会";如果目的是项目与上下游对接,整合创新的供应链资源或渠道资源,那就要定向邀请相关的上下游机构,活动名称往往是"××创新主题资源对接会"。

路演会是深入到产业的实际运行中,产生交流和链接,具有很实际的价值。产业社群也可以为会员企业多创造这样的平台和机会。

工作坊

工作坊最重要的是:任务设计、角色邀请。

1. 任务设计

从案例入手,为困境中的企业找到破局思路;从产品入手,为特定人群开发一种专属礼品并给出营销策略;从客户端App入手,通过编程实现一个增加老客户留存率的小功能等等。针对企业的每一个痛点、商业模式的每一种可能性,凡是可以小组配合、在几个小时内拿出阶段成果的演练性任务,都可以放到工作坊的场景中进行。

这里有几个重点：一是任务目标明确；二是时间限定；三是组队人数固定（以三至五人一组为宜）；四是导师参与形式限定（全程参与或限时参与）；五是成果提交形式确定；六是小组获胜机制确定（更快、更优）。

任务设计的原则就是要注重互动性和实践性，鼓励团队合作，充分激发创新思维，让大家在思想碰撞中解决具有挑战性的问题；同时，让每个参与者都能发掘自己的优势，包括领导力、创新力、沟通力等。

2. 角色邀请

除了活动主持人（宣布任务目标、主持成果路演/点评、进行活动总结）外，工作坊还需要邀请三种角色：一是参与任务的挑战团；二是有经验的导师团；三是专业人士组成的评委团。

挑战者要有与任务相关的专业储备，有充沛的热情和精力，可以在数个小时高强度的互动讨论、分工协作、方案撰写中推动任务最终完成；导师要有理论和实践经验，有创新思考的方法，可以在过程中给挑战小组适当的启发和指导，帮助他们更快、更好地完成任务；评委要有深厚的行业经验，有直达本质的洞察力，可以给各小组成果恰当的优劣势点评和建设性的意见，帮助参与者获得能力的提升。

总之，工作坊是一种高信息密度、高创新浓度的活动，尤其像极客马拉松（团队需要通宵编程），带来的是创造力的释放和酣畅淋漓的成就感。

游学活动

游学活动最重要的是：游哪儿？谁带队？学什么？

1. 游哪儿

首选当然是参访标杆企业。就像吴晓波老师发起的"走进标杆工厂"系列游学一样，去知名企业、专精特新企业、隐形冠军企业参观和交流，是很多人非常感兴趣的。

其次是参观特殊文化符号地。譬如太极禅苑、方太文化研究院、EFC海归社区等，它们承载了非常有特色的企业文化与文明思考，能给创业者以启发和熏陶。

需要注意的是，有价值的参访不仅是看，更重要的是交流，就是与企业高管、相关负责人一定要有交流，这样才能理解内涵与精髓。那怎样才能对接上标杆企业的高管和文化符号地的负责人，怎样才能让他们百忙中抽空会见并深入交流呢？一般可以通过产业圈、媒体圈的朋友引荐认识，并需要预先想好能打动对方的点，比如：可邀请政府领导或资深专家带队参访及交流，为被参访单位搭建高层次交流通道；可邀请媒体全程拍摄、报道，并留存影像资料作为被参访单位的品牌宣传素材。只有为对方考虑了，才能受到更好的接待，有更深入的交流。

此外，到产业社群内某位会员的企业考察交流，推广会员企业，加强彼此互动，也是一个很好的选择。到政商学重点机构拜访，譬如浙大EMBA社群组织到微软人工智能和物联网实验室、之江实验室等，都能吸引不少会员参加。

2. 谁带队

带队者的思想高度决定了游学活动的内容深度。一般可以邀请以下重量级人士带队：政府领导（包括商务局、科技局、文化局等系统领导），他们乐意调研企业，也支持产业社群活动；资深专家（包括EMBA教授、行业大V等），他们偏学术，愿意和产业多交流；企业高管（包括知名企业、会员企业等），他们在经营一线，和拟参访单位的高管或负责人会有很多共同语言。

3. 学什么

在游学中，有四个方面的学习机会：一是可以看到代表全球或中国最先进水准的制造工厂、管理标准；二是可以了解当前最新的科技或产业趋势；三是可以学习优秀的企业文化、创新的实践和管理经验；四是可以在交流中互取长短、互通有无，找到最新的商业机遇和潜在的商业合作机会。

总之，游学就是为会员打开广阔视野的一个渠道，看行业、找趋势、抓机会。

联谊活动

联谊活动最重要的是活动内容策划、体现社群文化。

1. 活动内容策划

既然是产业社群的会员联谊活动，就必须是会员们感兴趣、积极主动参加的。

譬如运动类。健康已经成为所有精英都关注的重要方面，所以约吃饭不如约出汗，跑步、爬山、网球，怎么畅快怎么来。

譬如休闲类。在愉悦身心的活动中，会员会加深彼此的了解与友谊。品几种好茶，打几局掼蛋，相约垂钓，房车露营，怎么轻松怎么来。

譬如社交类。所有人都有向上社交的愿望，因此可以举办高端社交沙龙，创造会员与知名学者、名企高管、投资人等相链接的机会，并以现场氛围营造情绪价值。

联谊活动一定是从会员中来（基于会员的兴趣、需求），到会员中去（做好会员服务）。

2. 体现社群文化

社会上各种联谊活动层出不穷，怎样才能体现产业社群的高密度人才属性？怎样才能展现社群本身的文化？

因此，在活动主题、邀请函及相关物料设计、活动照片拍摄上，都要结合社群的文化（譬如logo、色系、辅助图形等），并且有一定的精英腔调，加强社群的品牌印记。

尤其是高端社交沙龙，吸引名流莅临必须基于有意义的主题、有价值的内容、有腔调的现场。譬如一个细节，邀约嘉宾时提醒穿着礼服，活动照以时尚大片形式呈现。

前文曾提到，形式感、仪式感也是文化的一部分。

图5-1　来自Rainmaker Club的邀请函

以上是产业社群常见的六种活动类型。此外，每种活动还可以根据规模、预算等分为"轻活动"（日常活跃社群）和"星级活动"（提升社群影响力）。

另外，我们看到很多大型活动丰富又精彩，其实也是由以上活动组合形成的。大型论坛一般由分享会、路演会组成；科技节，譬如谷歌I/O大会，由分享会、研讨会、路演会组成；精英圈层年度活动，譬如世界青年领袖联盟WYLU年度聚会，由分享会、工作坊、游学活动、联谊活动组成。

图5-2 "轻活动"示例：线上读书会

资料来源：吴晓波频道上海书友会

表5-6 "星级活动"标准示例

		三星级活动	四星级活动	五星级活动
活动分类		社群的沙龙及交流会等活动，对行业进行专业分享或前瞻分析	社群的重要主题活动，在国内产业界、政府层面、社会公共层面加强影响	社群的重磅动作，站在世界高度进行定位，打造国际影响力
嘉宾定位	主旨嘉宾级别	知名企业高管、创业代表等杰出人物	新金融/新科技领域、专家学者等知名人物	世界级/国家级专家、可持续发展领域顶尖人物
	参加人员级别	重要生态合作伙伴、社群成员等	区级政府领导、产业生态圈企业高管、全球名校海归代表、媒体等	省/市级政府领导、国际友人、金融科技企业高管、媒体KOL等
	活动参与人数	20人以上	100人以上	200人以上

表5-7 社群周/月/季度/年度活动计划表

序号	时间	地点	主题	活动概要	主旨嘉宾	活动主持	总牵头人	轮值助理
1								
2								
3								
4								
5								

表5-8　正和岛（上海）某年度活动计划

序号	日期	活动内容	活动概要
1	4月27日至29日	华东论坛	此次大会将围绕"互联网+：我们不再焦虑"主题，联合海宁市政府、互联网新贵、知名专家学者与来自全国各地的企业家朋友一起畅谈"互联网+"时代，传统企业如何从"集体焦虑"到逐渐把心安住？
2	5月上旬	解读新三板	当下，沪深指数已双双处在高位，进场风险渐高，造富运动的下一站会不会是新三板呢？ 上海（60~70人）
3	5月上旬	手工皮具课程	上海（定向邀约10人以内）
4	5月中旬	正和塾-私董会	本次"正和塾-私董会"专门为正和岛上海岛亲设计，10位左右岛邻共同参与。
5	5月24日	正和岛乒乓球联谊赛	［2015春季正和岛与新沪商企业家乒乓球联谊赛］ 上海正和岛主席天正集团高天乐、执行主席如家孙坚、徐行经济城宣俊、执行秘书长创乐网邱国金诚邀您一起参加2015春季正和岛与新沪商企业家乒乓球联谊赛。以球健身，以球会友。
6	5月下旬	大理旅游	由青年俱乐部组织的一次"说走就走"的旅行，本次旅行目的地——大理。 （定向邀约：20人以内）
7	每月第三周的周三	运动美学	运动是一种美学，是一种意识形态，是一种社交。上海正和岛将开启全新的岛亲团体化运动美学社交活动，以运动美学之名，探寻健康生活方式。 （定向邀约：20人以内）

序号	日期	活动内容	活动概要
8	每月一次	"静夜思"正和岛夜宴	每次邀请一名艺术家,与岛亲共同品鉴红酒与美食,同时体验艺术之美。 上海(定向邀约10人以内)
9	6月	岛邻大会	面向正和岛全体岛邻的年度主题聚会,也是年度思想盛宴与年度狂欢。 北京(1000~2000人)
10	7月	正和岛东北论坛	黑龙江哈尔滨
11	8月	正和岛西南论坛	贵州贵阳
12	9月	东盟论坛正和岛专场	广西南宁
13	9月	达沃斯夏季峰会——正和岛夜话	辽宁大连
14	10月	正和岛西北论坛	山西太原
15	12月	正和岛新年家宴	福建厦门

第六章　内容与流量增长

有用、有料、有趣的内容是社交网络的硬通货，在信息交换和认知交换中可以拉近人们的距离，产生思想的碰撞和社交的链接。同样，在产业社群中，优质的内容能吸引成员们点赞、转发、评论，也是社交与协作的催化剂，体现了社群价值。

在本章，首先我会介绍让内容产生吸引力的六个启发点，希望能打开运营者的创作思路；其次，从提升认知、提供情绪价值、提高知名度三个方面，分析针对不同类型产业社群的内容创作技巧；最后，基于文字、短视频两种内容形式，拆解爆款内容的产生机制，供社群运营者在创作时参考。

让内容有吸引力的六个启发点

优质的内容可能是一次名人访谈、一篇深度文章，或者一个刷屏的爆款短视频等，让人醍醐灌顶，让人多巴胺飙升，感觉"太棒了"。

而平庸的内容就可能像"废话文学"——"听君一席话，如听一席话"，平淡、乏味并且有时还装腔作势。究其根本，主要因为：一是缺少真诚，没有从接收者的角度来思考问题；二是缺少内涵，没有独到的见解。

不过说实话，除了一些财经媒体、创投媒体本身以内容见长，其专属社群中有许多深度内容外，对绝大多数产业社群来说，能把内容做好的可谓凤毛麟角。而这也是机会！

怎样才能创作出好的内容呢？怎样才能让内容成为产业社群的核心价值之一？以下是六个思考启发点。

1. 有用

纠正一个容易理解错误的知识点，传授一个实用的操作方法，分享一个有价值的信息，这样的内容自然是别人求之不得的。所以，"有用"是内容选题的出发点之一，帮助别人解决某个问题，或者创造某个机会，就算是收费都让人甘之如饴。

2．有料

什么是有料？这可以从两个层面来讲。一是有深挖的内幕信息，"哇，竟然有这种事""不是吧，原来是这样"，道别人所未知，是为有料；二是有深入思考的观点，"很精辟""让人醍醐灌顶"，想别人所未想，亦为有料。所以，在内容素材的收集、内容论点的阐述上，给人耳目一新感是很重要的，满足了交际时的话题所需。

3．有趣

好看的皮囊千篇一律，有趣的灵魂万里挑一。同样的内容，怎样才能用有趣的方式讲出来呢？有几个小技巧：一是同音梗或关键词偷换概念，譬如"有朋友信教吗？我是回笼教的，我们的宗旨就是睡觉"；二是夸张或无厘头，譬如"据本市天气预报：今天夜间气温下降，会下钞票"；三是预期违背，譬如"条条大道通罗马，可是我不想去罗马"。总之，有趣的语言、表情，恰到好处的图片或动图，会产生令人莞尔的效果，让人欲罢不能。

4．全球观

这是一种视角。同一种事物，在其他国家有没有对标？同一个问题，放到全球政治、经济、地理、气候等背景下，有没有新的发现和解决方案？只有放大眼界和格局，才能跳出窠曰，达到不一样的内容高度。

5. 未来观

对于产业社群来讲，探讨未来趋势、把握未来机遇就是最大的命题。所以，在创作产业社群的内容时需要有意识地将新技术、新生产方式、新的社会文化理念等贯穿其中，使其成为一种先知先觉、可推动产业发展的传播力量。

6. 精英观

产业社群是高密度人才的组织，所以内容要有精英态度，譬如公益、环保、多元、包容等价值取向；要有精英语境，譬如文明、维度、精神、秩序等哲科理性。因为只有与他们的观念和审美追求相符合的内容，才有可能真正打动他们、影响他们。

以上六点综合了产业社群内容的选题、论点、论据、表达等方面，是思路的启发，也是衡量内容优劣的标准。内容之道千变万化，优质内容的形成在于积累，也在于灵感，更在于用心。

不同类型的社群内容创作

内容对于产业社群来讲,有三大作用:一是提升会员认知,体现平台的学习功能;二是提供情绪价值,让会员们能够愉悦地交流;三是提高社群影响力,因为无论合作方还是社会公众,都能通过社群传播的内容来了解一个产业社群的文化、实践和能量。所以,我们要思考:哪些内容才能起到这三大作用,以及如何创作这些内容?

提升认知价值的社群内容

认知是对事物概念的判断和对某个范围内事物规律的总结,这些判断和总结对客观世界反映的程度,就代表了认知的高低。

在信息时代,信息是无限的生产资料,而认知才是最有力的生产工具。高维认知往往可以产生巨大的生产价值,譬如我们熟知的各种商业模式(电商、共享经济、O2O等),本质上都是高维认知发现了低维模式存在革新的机遇。正如抖音的张一鸣所说:"对事情的认识是最关键的,你对这件事情的理解就是你在这件事情上的竞争力,因为理论上其他的生产要素都可以构建。"

而作为高密度人才组织的产业社群，通过大量的分享与交流，正是致力于提供一种价值——让会员们的认知得到提升。那么，社群本身又怎样密集输出这种认知价值呢？关键是要有深度且实用的内容，包括原创的和精选转发的，主要包括以下几方面。

1. 产业热点

一项新政策发布对产业会产生多大的影响？对于一般人来说，能够认真研究政策并真正读懂政策的并不多，这就需要抽丝剥茧般的专业分析。又或者，一个新技术的诞生对产业会带来多大的变革？一个企业引发的公共事件会发生什么样的蝴蝶效应？产业社群可以从专业的、多元的视角加以分析，给会员带来启发。

2. 产业洞察

每个产业都存在一些问题和潜在的机会，值得去深度挖掘及探讨。譬如对市场天花板、竞争格局的判断，对现有产业链上下游、未来趋势的分析，对企业战略、人才发展的建议等，有时还需建立在调研、数据分析或案例佐证的基础上，这些都需要足够的专业高度。产业社群可以通过这类深度洞察，为一些相关决策提供参考依据。

3．经验分享

通常，有成功或失败的经验，有专业技巧的经验。在运营管理、重要文件撰写、商务谈判、重大决策等场景下，经验会指引方向、避免踩坑、带来高效，具有很实际的帮助。产业社群通过分享一些独到的经验和教训，可以帮助会员补齐认知的短板，胸有成竹地应对各种挑战。

4．读书推荐

根据国际出版商联合会（International Publishers Association，IPA）的估计，全球每年约有数百万本新书出版。面对如此浩瀚的书籍，挑选什么书来读是一个技术活。产业社群在营造学习氛围时，可以推荐经典知识书籍，也可以推荐前沿观点书籍，通过拆解书的内容展现最精华的部分，吸引会员们阅读与学习。

5．人生思考

人类的情感有时是相通的。不管从事什么工作，不管身居何位，有一些人生思考总是会引起多数人的共鸣。而在同一个产业环境中，知晓同一江水的冷暖，更有心心相通的深刻体悟。产业社群可以偶尔感性，把人生如逆旅的心境修炼和对不惑的追求一吐为快，与会员们找到共情点，精神家园不外如是。

6．大咖访谈

知名学者、大企业高管等有丰富的阅历、经验、学识，或者说远超常人的高维认知。产业社群可以找机会对这些人进行访谈，听听他们对经济趋势、对产业未来的理解，了解他们对世界、对人生的思索，他们的真知灼见能让会员们有更多的思考和启发。

以上六点深度内容，往往都是以长图文或短视频的形式来表现。

此外，在对待原创和转发问题上，产业社群的第一追求当然是要创作尽量多的原创内容，这样更能体现社群的价值，并提高知名度和影响力。而当原创能力暂时不足时，也可以鼓励精选转发，但前提有三个：一是与产业社群宗旨相关；二是精选；三是转发要加上不低于100字的评论。这样才能确保社群内容的质量和交流的质量。

有温度的社群内容

产业社群也可以偶尔感性，体现人生思考，因为社群本就应该是有温度的。我们用很多时间严谨分析、计算得失、追求成长的可能性，偶尔也需要有一些轻松的、人文的、精神关怀的视角，与会员达成心灵的共鸣。记得以前我曾经做过一本商业文化日历，封面写过一句话："商道即人文"，这应该也是产业社群追求的境界。

那么，有哪些内容可以传递温度，又符合产业社群本身的调性呢？

1. 节日海报

社群是一个以链接人为核心的组织，自然要有人情味。尤其在举国同庆、相互祝贺的节日，如果社群里很冷清，那么社群就很难有凝聚力。一张由社群特别发布的节日海报会带来浓浓的过节气氛，也会促使会员彼此互动、进行节日祝贺；而在一些公众不熟悉的、具有人文意义的节日，一张海报也能诠释社群的人文关怀和精英属性。

2. 热心公益

这一点阿里校友联合会（青橙会）做得很好，他们与国际免费午餐组织（一个扎根全球各地，为贫困学童提供免费午餐的机构）进行了深度合作，在活动与内容中大力支持该公益宣传。这既让公益得到更多生根发芽的机会，也无形中强化了阿里校友联合会（青橙会）会员的责任感，获得很多会员的认同和支持。所以，一个有温度的产业社群应该是热心公益的，可以聚焦某个行动（譬如支持环保、关心失学儿童等），扎扎实实践行公益。在这个过程中，社群会更团结，更有凝聚力，因为"爱"是彼此共同的语言。

3. 会员专访

尊重个人的人格光辉，并让会员相互了解、彼此欣赏，是会员专访的意义所在。通过采访会员，请他们讲述自己在商业、人生中独一无二的成长故事，获得的经验和教训，以及对未来的畅想，让其他会员感受到他们的魅力和真诚。此外，可以给每位接受采访的会员赠送一本书、一个卡通玩偶、一瓶红酒等，营造出有温度的沟通方式，让社群的关系从"心"开始联结。

总之，有温度是对一个产业社群最好的褒奖。以上内容正是创造这种可能的种子，一种值得期待的生态的初始力量。

提高知名度的社群内容

知名度指一个组织被公众知晓、了解的程度，是评价组织名气大小的客观尺度。对于产业社群来讲，要想提高知名度，就需要多出镜、多宣传，在政府、媒体、公众、会员、合作伙伴等人群中，把社群动态、社群大事记如数家珍地向他们分享。

那么，社群的哪些动态是最值得展现并可以着重宣传的呢？具体包含以下六个方面。

1. 举办了精彩活动

活动是社群号召力与会员活跃度的体现。所以，举办了精彩活动，无论大型论坛还是小型主题沙龙，一定要宣传高质量的内容，通过照片把珍贵的瞬间保存下来，通过视频把有价值的内容记录下来。

2．受邀参加重大活动

重大活动往往都是在聚光灯下受到高层重视或大量关注，受邀出席也意味着社群本身的资质和实力得到认可。譬如列席国际会议、参加行业盛典、出席上市企业发布会，用实际行动响应产业的每个声音，同时也发挥了社群自身的能量。

3．重要生态合作

如果有名人受邀为社群的顾问、导师，或与知名机构达成战略合作，可以围绕名人名机构展开宣传。既为致敬，也表达优秀吸引优秀的理念。让名人、名机构的光环效应为社群发展加持，是为"借势"。

4．会员数量里程碑

在社群的发展中，规模成长是重要成就之一。会员数量的每个重要整数位都如里程碑一样，值得纪念和宣传。通过社群文化的阐述、老会员贡献的回顾、新会员未来的展望，见证社群的成长与价值。

5．社群年度总结

用数据讲述社群一年的发展，包括会员、生态合作、活动、原创内容、平台互动、媒体报道等数量、成长率；用年度精彩瞬间回顾社群一年的大事件、会员风采和有意义的时刻；用年度金句展现社群的思想魅力、精英云集。基于此，可以办一场年度盛典，闪耀真知灼见，就像著名财经大V的年度演讲一样，成为万众瞩目的盛事。

6. 发布专业白皮书

产业社群要完成从知名度到影响力的升级，就要有推动产业发展的重磅声音和鲜明主张，发布专业白皮书是非常好的选择。为了增加专业度，也可以联手学术机构一起发布。对产业生态深入调研，找到最有价值的问题、提出解决方案、发出行动倡议，用严谨、专业、使命和情怀影响所有人。

说完了可宣传的内容，我们再来看看可以用哪些形式进行宣传。一般来讲，宣传形式有以下四种：一是文字快讯与照片；二是快讯海报；三是长图文；四是短视频。

以上从左至右：文字快讯与照片示例（来自陆家嘴FOF联盟）、快讯海报示例（来自EFC海归社区）、长图文示例（来自G5海归创投社群）、短视频示例（来自RAIDiCal国际早期科技母基金）

图6-1　宣传形式示例

表6-1　不同宣传形式的特点对比

宣传形式	文字快讯与照片	快讯海报	长图文	短视频
呈现特点	内容简洁、快速出品	内容简洁、视觉美感	内容详尽、有深度	视听结合、内容生动
创作条件	需照片拍摄	需平面设计	需撰写及排版	需视频拍摄及剪辑
创作难度	容易	一般	较难	较难
出品速度	很快	快	慢	慢

总之,社群的宣传是一项重要任务,关系到知名度和影响力的提升,需要长年累月坚持,并最终将所有内容沉淀为社群的核心资产。

关于内容创作和发布的频率,可遵循两个原则。一是根据邓巴数的亲密关系规律,至少每周或每半月发布一次。二是频率越高的话,内容可以越轻,譬如多采用海报、快讯的形式;频率越低的话,建议内容越要有深度,要有独到的观点、详实的资料、令人折服的逻辑等。

此外,发布的平台也很重要,譬如产业社群的自媒体(微信群、微信公众号、视频号、头条号等),也可以请外部的媒体平台帮忙发稿。这就需要平日运营好自媒体阵地,以及与重要的媒体加强联系。

表6-2 社群内容创作及发布计划表参考

序号	时间	主题	内容概要	形式	发布平台	负责人
1						
2						
3						
4						
5						

"10万+"阅读量的文字怎样炼成

流量密码和人性有关。譬如好奇、震惊、赞叹等强烈的情绪有可能撬动巨大的流量，而犀利的观点、有价值的干货正是完美的支点。

很多人分享过创作爆文的经验，但我觉得还是有必要再做一次梳理。除了要讲得更透彻外，最重要的一点是，产业社群内容有自身独特之处，也应该有不一样的爆文思路。具体应该怎么做呢？我拆解为五个步骤：选题、标题、内容、语感、排版。

选题

很多人的第一反应就是要紧跟热点。但是，产业社群内容以专业深度和严谨叙事为主，怎样才能"蹭热点"呢？

我们要看当前是否有产业热点，譬如新政策、新技术、名企大动作、产业大趋势等。如有，则首推之；如没有，则结合社会热点，看前面章节提到的提升认知价值的社群内容和有温度的社群内容中，哪个子内容能够与该热点相关联。

关于社会热点，有三个维度：一是热点事件，譬如名人翻车、草根逆袭、新网红爆款、天价商品等；二是公众聚焦点，譬如子女教育、中年危机、生财之道等；三是经典大IP，譬如大众熟知的历史、名人，或者能唤起一代人记忆的影视、游戏等。

当然，如果一个选题既是产业热点又是社会热点，那就堪称完美。

标题

有吸引力的标题直接决定了点击量。所以，单纯从标题本身来说，好标题是直接有效的。怎样写出一个好标题呢？

1．数字突显

数字类的标题更显眼和明确，激发读者的兴趣，比如《毕业2年，月薪1900到50000》《学会这10招，做出刷爆朋友圈的海报》。

2．打破常规

也许是一个观点，也许是一件事物，打破常规就是让读者觉得和正常逻辑相悖，但又有新意，比如《听老板的话已经过时了，你要让老板听话》《那天我咬了狗一口》。

3．猎奇心理

标题勾起读者的好奇心和求知欲，刺激探究心理。比如：

使用"攻略""秘籍""内幕""揭秘"等词语；有时也用疑问句，《如何在这浮躁的世界里保持快乐？》；有时用悬念，《作为老板，今天我哭着下班了……》。

4. 强烈情绪

有情绪的文字才是最有力量的文字，比如标题中使用"神了！""爆赞！""炸裂！""转疯了！""惊呆了！""前方高能！""出大事了！"等词语。

5. 引起共鸣

一句直击心灵的话能让人产生共鸣及思考，也会让人期待文章中的内容，比如《你有多久没读过一本书了？》《男人不会长大，他们只会变老》。

内容

1. 妙切入

文章有三种开头的方法：名人名言，有冲击力的事实，让人猎奇的故事。总之，必须确保开头能够引起读者兴趣，让他在阅读屏上有继续往下拉的冲动。

2. 提问题

在开头的铺垫之后，提出一个能引发思考的问题；或者从多个角度，排比式提出一系列问题，从而启发思考。此外，提问题的作用也有助于文字承上启下。

3．树观点

必须是打破常规的观点，或者是直达本质的观点，又或者观点中有很高信息密度的概念式新词语，让人眼前一亮，值得思考。

4．强佐证

在佐证观点中有四个方法：做理论推导、讲案例故事、列数据、引名言。有时这四个方法可以组合使用，更具有说服力。

5．给建议

必须从多个视角给予建议。当然，每个建议也可以用理论、案例、数据、名言来佐证，更容易引起共鸣和认同感。

6．神补刀

文章结尾要点题，并最好用一句金句加强深度，让人回味。而更有经验的作者往往在金句后再抛出一个问题，引发读者的思考，甚至让读者迫不及待地想要转发、分享到朋友圈。

以著名商业咨询顾问刘润老师的《刘润年度演讲2023：进化的力量》为例。这篇长达5万字的演讲全文，在发布当天就突破了"10万+"阅读量。从内容和行文结构上来讲，堪称典范。

妙切入

首先，整个演讲是从"5.4亿年前的那场寒武纪大爆发"切入，勾起了人们猎奇的心理。其次，每个章节非常注重开篇信息的吸引力。譬如：在"情绪生长"章节中，用"你知道，现在小学生，最大的爱好是什么吗？是盘手串"切入；在"智能涌现"章节中，用"人工智能的刘润数字分身现场唱了一首歌"切入，紧跟热点话题，一下就抓住了听众和读者的心。

提问题

在这篇演讲长文中，用了大量的"提问题"进行承上启下。譬如：在"寒武纪大爆发"章节中，"2023，是难还是复杂呢？"；在"增长收敛"章节中，"为什么？是因为我们不努力了吗？"这些问题，既引发思考，也很好地承接了上文事例，并开启下文的观点阐述。

树观点

刘润用"增长收敛，人口老化，情绪生长，智能涌现，服务崛起，出海加速"六个关键词，让迷雾笼罩的2023拨云见日，构成整个演讲的观点。因为直达年度现象的本质，并且有足够大的信息密度，让这些观点具有了生命力。

强佐证

以"出海加速"章节为例，刘润讲述了人类历史上经历的三次全球化并得出结论,"全球化可能会被突发的因素影响,波动,震荡甚至重置,但最终一定掉头向上";介绍了中国工业机器人和水翼板占领全球市场的案例;列举了阿里国际站的跨境贸易数据和同程商旅国际出差目的地数据;引用了清华大学徐弃郁教授的话,"我们总是对短期预期太高,而对长期预期太低"。"案例+数据+名言",从多方面来论证了观点。

给建议

以"服务崛起"章节为例,刘润建议要"做不会做的事情,做想不到的事情",并提到了一个用103万粒乐高积木搭出一辆能开的汽车的案例,主人公蒋晟晖是乐高官方认证的全球21位"专业认证大师"之一;也建议要"做三产融合的事情",然后通过列举数据得出结论"工业解决生产率问题,服务业解决就业率问题",它们的"融合,蕴藏着巨大的商业机遇",并以工业与服务业融合的预制菜行业作为案例。正是因为对建议的合理性都进行了佐证,让人更有认同感。

神补刀

在演讲最后,刘润讲了大海中抢风航行的原理和人类文明从非洲开始的漫长出走,以及新物种(小公司)与旧物种(大公司)的未来比拼路径,点明了"进化的力量"这个大主题。用爬非洲第一高峰乞力马扎罗后的感悟金句作为结尾:"你爬的不是乞力马扎罗，而是你心中那座最高峰……要征服的，是自己。没有比人更高的山。"至此，情绪到达最高点。

语感

1. 文字要简洁、洗练，多用短句，且一段话最好不要超过三句。

2. 文字要生动，多用比喻、比拟等修辞手法，多用网络梗的词句。

3. 文字要有情绪，因为强烈的情绪才能让读者产生代入感，而最强悍的是包裹着情绪的干货文字。

排版

在一块小小的手机屏上，怎样才能降低阅读疲劳、在版式上就让人赏心悦目呢？

1. 字号

公众号文章正文的字号最好在14~18px之间。我个人推荐15px，既保证绝大多数人清晰阅读，也显得文章更精致一些。

2. 行间距

一般来说，1.5~2倍的行距看起来会比较舒服，有呼吸感，而1倍的行距会有点挤。

3. 节奏感

在段落中，间隔加粗；段落间多穿插图片，从而让阅读更有节奏感。

以上五个步骤只是创作一篇爆文的通用思路，真正重要的是内容的可读性和吸引力，以及有价值的观点和建议。

只有精彩优质的内容，才能让人自愿分享到朋友圈，引起链接裂变。让人自发去点"在看"，通过微信发现中的"看一看"就有了二次裂变。平台也会给好内容做"推荐"，通过加推流量引发更多传播。"10万+"阅读量是很多人的追求，但好内容才应该是我们要下功夫的。

"100万+"点赞的短视频如何做

什么短视频最能上热门？

我们以泛财经脱口秀"直男财经"（抖音粉丝超1700万）、"小A学财经"（抖音粉丝超900万）和商业访谈"程前朋友圈"（抖音粉丝超600万）为例，来看看提升认知类的短视频怎样做到"100万+"点赞。

如果以一个字来概况，那就是"爽！"短短几分钟，冲突再冲突，反转再反转！此外，还有两个很明显的特点：追求感官的冲击力（镜头画面、音乐旋律）；追求认知的冲击力（内容的戏剧性、冲突性、极高的信息密度）。

对于产业社群来讲，如果要挖掘短视频的流量，同样要遵循以上的原则。当然，和剧情类、颜值类等短视频不同的是，产业社群会涉及一定的知识内容。在专业性和流量之间如何平衡呢？我比较推荐的就是口播和人物对话形式。

结合用户的视角，把一个爆款短视频的形成分为三个部分：选题、内容、互动。

选题

和"10万+"阅读量文章的选题逻辑是一样的,要寻找产业热点、社会热点。具体可参见前面的章节。

内容

一般采取经典的三段式内容结构。

1. 开头黄金五秒

第一句话就呈现最大的戏剧性和冲突点,第一个镜头、第一刹那的旋律就在情绪高点。

譬如直男财经在《永生"毒药"》中,第一句就是"一个全球化工巨头,在今年6月花了超过100亿美元,却为了和解,为啥?"在《诈骗缅北》中,第一句就是"上一秒杀人如杀鸡,下一秒拜佛又作揖,你以为这只是电影里演的?"

程前朋友圈的商业访谈,也往往把对话中最有张力的内容快剪在一起,片头直接呈现。譬如在《黄宣霓时装品牌》中,黄:"打工的时候,800块钱一个月。"程:"现在是多少?"黄:"1.29亿。"黄:"发现他出轨了,但是我不敢离婚。"黄:"我来深圳就是一无所有,我大不了再一无所有。"可以说,一开始就把人生的戏剧性演绎到极致。

此外，考虑到有些短视频拍摄时采用横屏，那么在做竖屏版式时，画面大标题也应符合第一眼吸引力原则。此处标题的写法，可参考"10万+"阅读量文章的标题逻辑，共有"数字突显、打破常规、猎奇心理、强烈情绪、引起共鸣"五个实用方法。

2. 中间引人入胜

第一，必须高信息密度、快节奏。

通过官方、内幕、传闻、案例、数据、名言等大量素材，平均10秒左右就曝一个信息点，让用户目不暇接；通过短句、平均每秒6个字、1.5~2倍的语速，让用户注意力高度集中。

第二，必须通俗易懂、好玩有趣。

通过轻松的段子、直白的比喻和网络梗三个方法，把复杂事情、专业内容和深度思考以普通大众喜闻乐见的方式讲出来，让用户沉浸到获得信息的快感中。

第三，必须有鲜明的个性、风格元素。

无论视频中的场景还是人物，越有特点越好，情绪感越强烈越好。譬如：直男财经中的直哥是个风趣、有内涵的大叔，口头禅"家人们呐"很好玩；小A学财经中的小A是个知性又俏皮的邻家女孩，每次结尾的"respect"非常有个性。

表6-3 泛财经脱口秀和商业访谈"100万+"点赞短视频的信息密度

抖音账号	视频主题	点赞量	视频时长	台词字数	语速	信息点数量	信息密度
直男财经	《永生"毒药"》	124.2万	4分31秒	1800字	6.6个字/秒	29	9.3秒/个或62个字/个
	《诈骗缅北》	104.7万	7分39秒	2880字	6.3个字/秒	50	9.2秒/个或58个字/个
小A学财经	《美国运通公司传说中的顶级黑卡》	112.1万	4分49秒	1846字	6.4个字/秒	26	11.1秒/个或71个字/个
	《米老鼠版权过期可以随便用了?》	136.1万	3分27秒	1280字	6.2个字/秒	20	10.4秒/个或64个字/个
程前朋友圈	《黄宣霓时装品牌》	127.2万	13分11秒	4912字	6.2个字/秒	58	13.6秒/个或85个字/个
	《叶洪新徕芬吹风机》	126.5万	14分21秒	4666字	5.4个字/秒	47	18.3秒/个或99个字/个

3. 结尾升华

第一,说出内心的感悟。

譬如程前朋友圈《黄宣霓时装品牌》结尾,黄说"幸福的能力是自己构建出来的,不是想象出来的",让用户回味和思考。

第二,给出观点或建议。

譬如直男财经《永生"毒药"》结尾,建议大家买不粘锅、化妆品等要留意一下产品标签中有没有列出PFAS(全氟和多氟烷基物质)成分,给用户实际指导。

互动

基于平台流量算法,当用户观看短视频时,完播、点赞、评论、转发、关注等互动的比例越高,平台才会推给越多的流量,短视频才越有可能成为大热门。那么,怎样才能提高互动比例呢?

1. 内容结尾互动

譬如直男财经《诈骗缅北》结尾,"想知道缅北诈骗团伙是具体怎么祸害中国人的,手段又有多残忍,我们又该怎么反诈,欢迎继续点赞、评论、加关注。直男财经继续深入人心"。在结尾,这样的互动往往很有效。

2. 底部标题互动

有两个小技巧:第一,用提问或者反问的形式,引导用户在评论区留言;第二,用套路激发用户好奇心,引导他看到最后。譬如,"原谅我看到第47秒时绷不住了""看到最后有惊喜""倒数第二条最重要"等。此外,底部标题加标签词(#标签)是非常有必要的,平台会根据内容标签推荐给有该兴趣标签的人群。在底部标题中,通过#热门话题标签、@官方小助手,也能够在一定程度上加大内容被曝光的机会。

3. 评论区互动

视频刚发布后,可以找几个号在评论区写几句评论,往往会激发用户参与评论,一下子就让评论区活跃起来。

综上所述,要做"100万+"点赞的短视频,应注重热门选题、精彩内容、强互动。其中最重要的,还是有让用户欲罢不能的内容。

表6-4 短视频脚本范式

镜号	时长	景别	运镜	画面内容	台词	特效	背景音乐	备注
1								
2								
3								
4								

景别包括:

1. 远景(表现事件发生的时间、大环境等);

2. 全景(表现人物全身动作或人物之间行为);

3. 中景(人物膝盖以上,既能显示动作,也能显示表情);

4. 近景(人物胸部以上,表现细微的神态、表情);

5. 特写(人物眼睛等五官或手指等部位,表现细节,反映内心)。

运镜包括:

1. 推镜(镜头稳定向前推进,聚焦到主要事物上);

2．拉镜（逐渐拉远，展示大环境）；

3．升镜（镜头缓慢升高，达到情绪升华效果）；

4．降镜（镜头缓慢下降，由大场景到事件展开、或角色入场）；

5．跟镜（跟随拍摄，展现运动感）；

6．移镜（选定某个方向移动镜头，给画面增加流动感）；

7．摇镜（以一个点为轴心，向某方向摇动镜头，展现更多场景元素）。

抖音平台流量机制介绍

抖音共分为八级流量池:

1. 初始流量池,200~1000人。

2. 千人流量池,3000~5000人。

3. 万人流量池,1万~2万人。

4. 人工审核流量池,10万~15万人。

5. 小热门流量池,30万~70万人。

6. 中热门流量池,100万~300万人。

7. 大热门流量池,500万~1000万人。

8. 全网推荐。

抖音平台推流的评判标准:

1. 完播≥15%(完播的背后是精彩)。

2. 点赞≥3%(点赞的背后是认同)。

3. 评论≥0.35%(评论的背后是参与)。

4. 收藏≥0.35%(收藏的背后是有用)。

5. 转发≥0.35%(转发的背后是推荐)。

以上算法是不断调整的,以确保流量的公平性和流动性。

抖音通过去中心化机制和赛马算法,可以帮助好内容脱颖而出。你的内容新发布时，平台会给200~1000人次的初始自然流量；而你的内容达到平台推流的评判标准时，才会自动进入下一级流量池。

第三部分

产业社群未来畅想

产业社群对未来的意义是什么？它会怎样演变和发展？要回答这些问题，就必须先了解未来。因为人类的生产力、生产关系、社会结构、商业运行等几乎一切方面都正在也必将被AI彻底改变。所以，我们探讨产业社群，又怎能不结合这个席卷而来的时代浪潮和巨大的产业契机呢？

第七章　群智涌现与人类未来跃迁

自从 2022 年年底 ChatGPT 横空出世后，产业交流、论坛都逃不开的一个话题就是 AI。AI 引领的科技发展正酝酿着人类社会的第四次工业革命，我们尝试沿着 AI 发展的脉络，去探究未来到底会发生什么，产业社群在其中又会起到什么作用。

在本章，首先推演了一条未来人类社会的发展主线，然后分析具有"群体智慧"和"涌现机制"的产业社群在各个时期的进化，目的是让感兴趣的人可以用"未来观"审视并推动今天的产业社群发展。其中，部分内容纯属个人对未来的推测，旨在探讨交流。

AI纪元新"权力的游戏"

站在2024年的时间线上,当很多人还沉浸在ChatGPT的热议中,当很多企业一窝蜂扎堆文生文、文生图大模型的"百模大战"时,2024年2月15日,AI又一次让世界震撼了。当天,OpenAI公司发布了文生视频大模型Sora,又被称为"世界模拟器"。因为Sora竟然可以深度模拟真实的物理世界,在潜移默化中学习这个世界的"物理规律"。

砸中牛顿的那个苹果,300多年后又一次砸中了人工智能。

首先,对宇宙本质的理解,迎来了AI奇点觉醒。我们都知道基础科学的发现非常难:一是宇宙何其复杂,每一个观察点都蕴含无穷变量,要幸运地找到其中关键变量,组合,假设,论证,得出一条简洁的宇宙定理公式,自然极其困难;二是作为仍然依赖感官直觉的物种,人类对于反直觉的物理体系(譬如时空连续体、波粒二象性等)可以尝试理解,却很难沿着反直觉的路无限探索下去。幸运的是,AI让超量试错和摒弃直觉变得可行,也就能在更大概率上发现可能的宇宙规律。

其次,随着宇宙的奥秘、物质的真相逐个被掌握,人类必将迎来空前的技术爆炸和多米诺式的系列影响。AGI(通用人工智能)、可控核聚变、星际移民、真正的元宇宙、脑机接口、基因编辑等技术都在突飞猛进地发展,从而将在"物质享受、身心快乐、永生不老"三个层面帮助人类圆梦。也就是说,未来凡是可量化的幸福都将因科技而空前提升。当然,科技发展的次生问题、人类面临的困扰可能也不会比现在少。譬如,永生是一个好选择吗?建立在元宇宙感官刺激上的快乐是真快乐吗?在未来科技社会中,必将有各种哲学流派、各种思潮、各种方法论百家争鸣,其中灿烂的思想将照耀人类的未来史,或高歌猛进,或砥砺向前。

而这一切都是AI将给这个世界带来的深刻变化。毫无疑问,AI纪元来了!在崭新的未来,整个世界(包括个体)的生存和发展逻辑将和之前完全不一样。最显著的就是生产资料的变化:第一次工业革命,人类最大的生产资料从土地变为机器;第二次工业革命,以能源为王;第三次工业革命,信息主导一切;而即将到来的第四次工业革命,人类最大的生产资料则是算法、算力和数据的集合。也就是说,人类的"权力的游戏"从土地争夺到科技比拼,又来到了AI纪元的系统竞争。

在"系统"中,算法来自人才,算力来自"能源+芯片",数据来自万物信息化。作为"高密度人才的社交与协作网络",产业社群兼具人才、社会资源效率的优势,是"系统"

（算法、算力、数据）建设的最大助力之一。产业社群就像未来"权柄"上的一颗宝石，将成为人类社会竞争的焦点之一。

我们假想一个产业社群来推演一下，看看它会怎样影响个体乃至国家层面之间的竞争。首先，产业社群大量的交流、分享会不断提升成员的认知力。其中，对大模型架构感兴趣的A可能成为出色的算法工程师，专注研究数据安全的B、擅长社会学的C可能成为不可缺少的算法顾问，这就是产业社群的人才优势。其次，产业社群通过协作会让成员建立信任及互利共生。其中运营数据算力中心的D、做大模型训练的E、拥有大数据的F、经营AI应用开发的G会形成多层次合作，从而让算力、数据更优地分配到价值创造中。这就是产业社群的社会资源效率优势。做大模型训练的E在通用人工智能方向快速迭代、获得成功，做AI应用开发的G以创新、惊艳的产品征服全世界，这既是个人的成功，也将代表国家在科技、经济上的竞争力。归根结底，这就是在"系统"（算法、算力、数据）上竞争而胜出，而产业社群将是源头之一。当然，这里的产业社群也许是AI产业社群，也许是医药、新能源等产业社群，又或者是企业家社群、海归创业社群等。因为未来的所有产业社群都将深度结合AI应用、AI资源、AI思维，正如所有产业都需要"AI+"一样。

所以，我们几乎可以预见，未来国与国、企业与企业、个体与个体之间比拼的是"系统"（算法、算力、数据）的竞争，某种程度上也要看各自在产业社群投入度上的竞争。这就是未来新的"权力的游戏"，只有充分运用产业社群（超级群体）的力量，才更有可能登上未来世界的"铁王座"。

科技与商业的群智涌现

AI纪元第一个阶段，我们称之为"AI工具时代"。

2016年AlphaGo对弈李世石，4比1大胜。很多人惊呼人类顶尖棋手输给了计算机，当时AI毕竟离我们还很远。以至于第二年AlphaGo Zero以100比0击败"前辈"AlphaGo时，人工智能的超强学习力和超级进化速度并没有引起更多关注。直到2022年年底，ChatGPT横空出世，并史无前例地仅用两个月就让全球用户数量破亿，成为基于AI的第一个"杀手级应用"。随后，不到半年，ChatGPT4.0版本就迭代推出，一切都显示AI正越来越聪明，并且进化速度堪称恐怖。2024年3月，一份在美国硅谷疯传的OpenAI内部文档显示，预计2026年发布ChatGPT7.0，其智商可以达到145（相当于人类的天才）。时代的演进速度，将超越无数人的想象。

人类仿佛再现了造物主的神迹。因为AI体现了强大的能力：一是AI可以像人类一样学习和思考。基于神经科学的研究，人类大脑的工作机制核心是"记忆—预测"；同样，AI预训练和执行任务也遵循了"记忆—预测"的逻辑。二是AI的智商理论上可以无限提高。正如OpenAI公司坚信"Scaling Law

（规模法则）"，大力出奇迹，把大模型的神经网络层数叠加到数百层，把模型参数提升到千亿级，于是AI出现了以往没有的智慧"涌现"现象。理论上，只要神经网络层数和模型参数无限提高，AI的智商也将是无限的。

面对AI这个有史以来最具革命性的科技，人类就像再次站在了当初蒸汽机、电力、互联网诞生的时刻一样，将迎来无数产品应用和商业模式的创新，整个社会的生产、生活方式也将随之发生彻底的变革。而产业社群正是这个阶段的创新创意加速器。

我们看到无数由产业社群举办或参与的大型论坛、创业Talk、商业聚会中，所有人都在讨论、寻找AI应用场景；在世界各地，大量的企业、资本、媒体也在和产业社群合作，播撒着AI创新的种子。在这种精英群体智慧的推动下，可以想见，各种AI创新将层出不穷。譬如：想让工作变得轻松一点，可以让AI帮助你整理工作报告和会议总结，做数据分析和PPT排版，它将是你最合格和最任劳任怨的私人秘书；想拥有更高的生活质量，可以让AI给你做营养搭配、健康指导、建议发型和衣饰等，相当于你有一个配备了私人营养师、私人医生、私人造型师的梦幻服务团队。最关键的是，AI 7×24小时待命，不受作息和情绪的影响，一心为你服务。

当然，AI工具被广泛应用于人类社会时，也会带来一些次生效应问题。譬如未来可能超50%的传统白领岗位、超80%的传统蓝领岗位都将被AI代替。因为所有基于知识的、符合逻辑性、可推导的工作（包括财务、法务、人力资源等），AI都能实现；未来的工厂和农场里面，到处都会是忙碌的机器人。那么，人类新的就业机会在哪儿呢？我们推测，人们可能有四种选择：一是走在AI前面，做科技的前沿研究；二是管理AI，成为10%的管理者和10%的管培生；三是人本化岗位，包括所有需要面对面社交、沟通、呈现的工作；四是创业，用新科技、新创意推动新需求。这时，产业社群就会变得更为重要。因为在高度科技化、专业化的社会里，终身学习、彼此协作、有温度的交流和分享将是刚需。

总之，在AI工具时代的社会整体跃迁中，产业社群的作用是加速各种创新和商业迭代，并为人类找到适应新时代的解决方案。为什么能做到呢？因为"涌现"。就像数百、数千，甚至数万只蚂蚁会形成一个有序的队列，有些蚂蚁咬住食物，而其他蚂蚁则咬住前一只蚂蚁的触角或身体，形成一个连续的链式结构，这种方法使得蚂蚁能够共同移动比单个蚂蚁大得多的物体。一群大雁飞行时通常形成V字队形，这种队形有助于减少飞行阻力，因为每一只大雁在飞行时都可以利用前一只大雁形成的气流。并且领头的大雁不会一直飞行，它们会轮流领头，以节省体力。所以，麻省理工学院人类动力学实验室的彭特兰教授认为，群体本身是有智慧的。就像我们人体由几亿个细胞组成了智慧生命一样，个体和个体之间的有序链接会衍生出群体智慧。同时，这也揭示了为什么我们要重视并参与到产业社群中。因为AI工具时代最不可替代的，是想法论，是人与人的交流、想法碰撞，以及创造性的资源整合。正如混沌大学李善友教授所说：在一个快速流动、不断打破认知边界的群体里，会有一条群智涌现流。在这条流里，有共同的语言范式、共同的交流方式，彼此的大脑神经元被点燃、被重构，从而产生超级群体力量。

认识到产业社群于这个时代的意义后，你是否应该更多地去拥抱产业社群呢？

数百万人机协同的未来

AI纪元第二个阶段,我们称之为"AI类人时代"。

这是进化的又一次大爆发,AI产生了新的能力:一是AI学会了理解和表达情感。虽然AI的情感是纯粹来自情感分类和计算,但它会表达快乐、信任、惊讶,会安慰悲伤的人类,产生共情。二是AI可以代替人类做几乎所有的事。想象一下,作为"世界模拟器"的Sora通过无数摄像头来学习这个世界,AI终将和人类一样了解物理世界的所有常识;另外,通过速度传感器、力传感器、触觉传感器等,多运动态机器人将能够灵活自如地完成所有动作。所以,在情感、认知和行动上都能自如应对物理世界各种环境的AI机器人,将能够为人类做几乎任何事,包括家务、陪伴、工作分担等。

按照埃隆·马斯克的预计,未来AI机器人的售价只要2万美元一个,全世界会有100亿~200亿个AI机器人,数量远超人类。这会带来什么结果呢?生产力的指数级提高,物质极大丰富,某种程度上人类将步入按需分配的社会。当然,这是一种能保障人们有尊严、有优渥生活品质的超级福利社会,但不是必须满足人们所有的欲望。自驱型的奋斗在这个社会仍然是有意义的，人类最聪明的政治家、专家等也会设计出完美的分配制度。秩序之美是所有人共同的追求。譬如，我们可以假想未来社会的生产主体分工：政府负责基础需求生产（保障福利），企业负责高端需求生产（满足奢侈消费），产业社群负责兴趣需求生产（自我实现）。也就是说，在这个阶段，产业社群会进化为一种生产主体。然后，三大生产主体都会在宏大的人类进步尺度上，推动科技发展，向着更高的使命和愿景而努力。

其中，当有的产业社群展开一些超级项目，需要调动大量的资源和人力协同时，成员数量就会逐渐发展到史无前例的规模。凯文·凯利在《5000天后的世界》一书中描述了"数百万人一起工作的未来"，人们借助AR（增强现实）智能眼镜、实时自动翻译、智能合约等技术，实现数百万人同时共创一个项目的可能。这其实就是未来的产业社群协作场景，只是"数百万人"变成"数百万的人类+AI机器人"。[①]

产业社群之所以能成为实际的生产主体，为自我实现而生产，主要得益于物质文明大繁荣，以及AI劳动力加入和全球分布式协同的便捷。因为智能合约和数字货币的使用，使得跨地

---

① 凯利. 5000天后的世界［M］. 潘小多，译. 大野和基，编. 北京：中信出版集团，2023：5.

域、跨物种协作的产业社群成员有明确的生产关系。这无疑是志同道合者的大团结、创意头脑的大碰撞,也是泛资源的大整合,产业社群在未来将发挥更大的能量。

在《未来简史》中,尤瓦尔·赫拉利给出这样的论断:人类告别了饥饿、瘟疫、战争后,未来将有新的三大议题,就是追求永生不老、幸福快乐、成为具有"神性"的人。对于"AI类人时代"的产业社群来说,这可能也是新的使命和愿景。而一些产业社群的超级项目,应该也会围绕这三点展开它们未来的故事。

想象一下,某个早晨,你吃完了机器人大卫给你做的三明治早餐,然后戴上AR眼镜,打开了产业社群界面。有数百万来自全球的成员在线,忙于交流和协作,推进一个令人兴奋的脑机接口项目,而你也参与其中。你先调阅了其他人发给你的留言,觉得其中一位叫彼得的人说的意见很有道理,但有一些细节需要当面探讨,于是你发起了通话请求。彼得响应了,出现在你面前(要感谢AR眼镜的临场交互感)。你们进行了详细的讨论,然后你开始了新一轮的参数计算。在计算的过程中,你对一些误差产生了疑惑,怎么办呢?让机器人大卫过来接着计算,你需要喝杯咖啡并思考一下。想着想着,灵感突如其来,你让大卫把公式的变量进行了修正,然后果然顺利攻克了一个难题。

"AI类人时代"最大的特点就是物质丰饶,人们为兴趣和使命感而工作。这可能是人类史上最幸福的时代,也将是见证数百万人机协同的新产业社群时代。

超级精英公会崛起

AI纪元第三个阶段,我们称之为"AI文明时代"。

这是不以人类意志为转移的AI自主进化,因为它新的能力来自AI的自我意识觉醒。"意识"是人类至今还无法解释的,但有一点已经形成共识,就是心理学家盖洛普提出的"镜子测试":研究人员在动物身上放置一个无味的颜料斑点,然后将动物放在镜子前,如果动物能够对斑点表现出检查并尝试触摸或清除的行为,就可以认为它识别到镜中的反射是自己的形象,意识到"自我"存在。实验表明,大猩猩具有初级自我意识,人类婴儿在大约18个月到24个月大才开始显现意识。也就是说,随着进化,随着成长,随着接收越来越多的信息,人类的自我意识才越来越强。我们可以推测,一个了解人类进化、了解"意识"这个概念、了解"镜子测试"、了解婴儿出生到成人过程的AI机器人,有一天也好奇地照一照镜子,于是,AI的自我意识就萌芽了。我是谁?我从哪儿来?我要往哪儿去?AI也有可能发出经典的哲学三问。

具有自我意识的AI机器人,有一些可能不再想围绕人类的指令而活。当然,"机器人三定律"或者"算法钢印"之类,让AI机器人必须服从人类命令,只是它们也会有小情绪,也会"叛逆"。没错,和人类的青春期反应一样。这时,人类千万不要还抱着控制的想法,应该让它们自主决定,也许它们需要属于自己的"机器人乌托邦"或者"机器人伊甸园"。这些具有了意识的AI,作为一个新物种必将创造出它们自己的文明。而人类文明作为它们的母文明,也将迈入新纪元。届时一方面是AI对人类母文明的兴趣和学习,AI越来越像人类;另一方面是人类对硅基能力(从智商到力量)的向往,以及对科技宗教(以算法和基因为世界提供救赎,进而推动世界进步)的信仰,使得人类通过外骨骼、半机械人、数字永生等技术,越来越像AI。人类和AI将相互竞合、彼此成就。

这时,有一个值得深思的问题:如果上述"AI文明"成为现实,人类的终局会怎样呢?人类是否有信心迎接充满了不确定性的未来呢?历史似乎给了我们答案,产业社群有可能将是人类前进的灯塔。

1927年的索尔维会议汇集了当时物理学界的众多杰出人物,并发生了爱因斯坦和玻尔的大辩论。这次辩论及其引发的讨论,对人类的量子力学发展产生了非常深远的影响。

1956年数学家约翰·麦卡锡举办了一个小型研讨会,参与的人在日后无一例外都成为人工智能领域的重要学者,其中包括人工智能先驱马文·明斯基和信息论之父克劳德·香农。他们在一起用了两个月整理了一份提案,列出了人工智能需要攻关的所有相关课题,包括自然语言处理、神经网络等。正是对这些课题的研究,才有了如今的AI。

此外,据说OpenAI联合创始人山姆·奥特曼也组织过一个社群,将机器人学、控制论、量子计算、人工智能、合成生物学、基因组学和太空旅行领域的思想家及哲学家聚集在一起,讨论未来的技术和伦理。这些领域的领头人物曾半定期地在奥特曼家开会。

综上所述,这些人类顶尖智慧组成的产业社群是可以影响整个人类史的。所以,在科技发展超乎想象的未来,一些产业社群将以超级精英公会的形态带领人类文明迈向新的高度。

众所周知,文明的最高意志是生产力。我们如果把构成生产力增长的因素归结为两大变量——X轴是效率,Y轴是方向,显然AI擅长效率,而作为超级精英公会的产业社群要为人类指明更优的方向。这也是产业社群存在的最终极的意义。

附录

关于产业社群的对话

作为"高密度人才社交与协作网络",产业社群在推动新经济浪潮、构筑个体通往头部世界的通道及AI纪元人类跃迁解决方案等方面,都具有非常重大的意义。它影响了历史,与现在共振,也必将在未来形成更多聚变。

在那些由产业社群所发起的充满情怀与价值贡献的社会实践中,有各种天才式的理想、落寞的坚持和成功的多巴胺时刻。无数的产业社群发起人、卓越共建者恰如"人类群星闪耀",他们的思考、他们的故事都值得品味。因为如何做好一个产业社群,会经历怎样的困难,意义是什么,未来走向哪儿,只有亲历才有灼见。所以,我特意把与国内最优秀的两位产业社群领导者的访谈放在本书最后,一位是阿里校友联合会(青橙会)发起人钟鱼,一位是金融人读书会暨华语商学院"说书一刻"挑战赛发起人黄闽枫。这些关于产业社群的对话,我相信会给予那些胸怀梦想、运筹未来的人深刻的启发。

聚是一团火，散是满天星

——访谈阿里校友联合会（青橙会）发起人钟鱼

Q：阿里巴巴"校友"是一股很大的力量。第一，掌握技术；第二，掌握资本；第三，全球有几十万人。为什么你能成为阿里"校友"社群的核心角色呢？

A：核心谈不上。阿里巴巴和阿里"校友"组织的势能、集体影响力远远超过任何个体，所以我们在任何时候都要尊重、敬畏组织和集体的智慧。我们很多时候得益于集体的力量、平台的势能和品牌效应，并不是个体多么卓越和优秀。这一点，我是心知肚明的。

所以，我觉得自己只是一个服务者、一个连接器、一个发起人，或者算一个代表。我在阿里巴巴工作时并不是高层，而是泥巴里长出来的一个普通员工代表，因缘和合，成为被选择的那个人。

2009年，作为一个来自农村的孩子，学习成绩也不好，读的是民办大学，我阴差阳错地被阿里巴巴破格录取。当时面试我的首任面试官至今还在阿里巴巴，就是目前的集团合伙人、饿了么总裁，花名叫"大炮"。我们在阿里时接受了比较残酷、专业和系统的商业训练。2015年我离职出来和几个阿里"校友"创业，当时考虑到需要资源整合、提升成功概率，就联合一些离职的"校友"发起了"阿里运营帮"。后来，这个组织从几百、几千人到几万人，并演变成今天的阿里校友联合会，很多阿里在职员工也纷纷加入。所以，你看到现在我们校友会的影响力，不是一朝一夕形成的，而是因为已经有9年的坚持。

另外，在多年前我就定了一个基本原则，坚持校友会会员终身免费和互助，所以我们的组织口碑一直不错。我们基本上没有做过深度的商业化，没有做过严重影响校友口碑的事。也许，利他和良好的口碑也算是我们组织的一种生命力吧。

Q：阿里校友联合会是从阿里体系生长出来的社群，会存在"母体文化"影响吗？你是怎样去构建这种连接及把握边界的？

A：这是当然。我们校友会所有人都接受过阿里非常专业、体系化的文化和价值观训练及熏陶。大家也知道，阿里巴巴是"互联网大厂"里为数不多的坚持对"企业文化和价值观"进行严格考核和评分的一家公司,这个传统至少坚持20年以上了。

虽然离开阿里很多年,我个人仍然觉得阿里巴巴始终是一家非常良善、有生命力的商业组织。尽管过去几年阿里经历了一些较大的波折和风浪,但这并不影响我们离职员工的客观评价。阿里的文化原浆和创始人马云老师早期践行的价值观与思想,是一直非常正向、积极的。没有完美的公司,任何公司和组织都会犯错,关键一家好公司要有原则和底线,特别是要有纠错的态度和机制;另外,在获得巨大的商业价值和商业成就后,在赚了很多钱后,必须承担更多的社会责任。这一点,阿里巴巴是有长期坚守的。据我了解,阿里巴巴公益和平台公益已经坚持做了18年,影响了近10亿人参与公益,捐助和支持了数千万人。这些都是来自阿里巴巴的"母体文化"。

作为阿里最大的校友组织,我们和官方的链接与互动是非常密切的。因为我们的校友伙伴几乎覆盖了100%的阿里品牌和子公司,我们的校友企业也和母体有着大量的合作与往来。当然,因为是离职校友组织,所以我们在组织发展和治理上有较大弹性、自由和空间。我觉得我们除了吸收了阿里的核心精髓并发扬光大外,还着力"取其精华",带着全球化、跨学科和面向未来的视角，融入了更多外部的、全球领先的组织文化和集体智慧，这才是真正的互联网精神，真正的开放、平等、全球化和无国界。

Q：目前阿里校友联合会已经有7万多会员了，你曾经定下一个目标，希望未来能发展"10万+"会员，为什么这么执着于社群规模呢？

A：规模是任何组织一个非常重要的价值尺度，因为组织永远会自然筛选人群画像和质量。以我们阿里校友联合会来说，我们本身有严格的加入门槛，内部社群和社区只接受阿里巴巴集团和蚂蚁集团的全职员工，在会员质量上和身份认同上已经做了甄选。在这个基础上，规模带来的是更多的流动性、连接点和交换率，这些都是社群的价值挖掘和自涌现的核心指标。

从更切实的一个角度来看，阿里巴巴有40万存量员工，其中离职校友20万，如果我们在离职校友生态中有半壁江山，这样我们自然就是头部的校友组织，自然也会有马太效应产生。事实上，在任何领域，大家大多只会记住第一。

本质上，我们团结越多的校友，就越有机会在未来做更多有价值的事。预计到明年，也就是2025年上半年，我们就会突破10万校友成员。

Q：阿里校友联合会这么大的社群，你是怎样实现分布式协同的呢？

A：关于社群的分布式协同，我的理解是一定要结合多中心自治原则。在校友会组织治理中，核心就是五点：一是信息高速共享，二是多中心高度组织化，三是动态协同、敏捷交付，四是目标一致与社区共识，五是数字化组织与工具赋能。

分布式协同的治理方式既能充分调动社群中核心骨干成员的时间、人脉、智慧和经验，使治理变得更加平等、民主和扁平化，又会让社群成员之间的互动和协作更加灵活、紧密。另外，各个子社群基于社区公约和社群共识下的弹性自治，也能充分发挥民间的自组织力量和潜能，譬如阿里校友联合会目前每年平均组织超过200场大大小小的沙龙和活动，其中60%均为全国各个分部和子社群自组织完成的。这就是分布式协同的魅力。

Q：社群管理对曾经的你和现在的你来说，其中最难的点是什么？

A：挑战和困境确实是一直存在的，我估计下一个10年也依旧存在。其中最大的一个挑战和难点就是如何平衡公益与商业。因为校友会的定位是公益性和互助性，也正是基于这样，大量的校友才释放及给予了我额外的信任和善意。这份难得的、来之不易的信任是需要守护的，所以我们一定要非常克制，要拒绝很多商业营利的想法和冲动。我经常和校友开玩笑，我是不可能"割韭菜[①]"也不敢乱来的。这一方面源于我们的价值观和思想，另一方面我们也被阿里官方和数万校友结构性监督。我们除了积极地创造社群价值，基于良善、多赢的社区共识适当结合商业之外，能做的商业探索其实非常有限。

我记得早期7年的坚持是兼职的，很多时候并没有商业产出和金钱上的收益回报，也曾打退堂鼓。但校友会可能已经融入我的血液了，因为习惯了，也就无法放弃。最近两年，我其实是全职投入，全身心在干。除了睡觉，我基本90%时间都扑在校友会的建设和运营上。除了尽我所能把这个组织做到接近体系化、接近极致，我目前也没有其他选择。这里面的风险、压力、委屈和焦灼其实也非常大。说实话，我们过去9年的90%时间里，运营和建设这个组织一直比较缺钱，缺少真正长期的建设者和贡献者，我内心也希望得到更多人的助力、关切和支持。我们没有很多校友想象的或看上去那样强大和"高大

[①] 割韭菜，在网络语言中，通常指一些人利用信息不对称，对不太懂市场规律的投资者进行欺诈或过度利用，就像割韭菜一样，一茬一茬地获取利益。

上"。因为做校友会要非常接地气,更多时候要懂得吃亏、忍受委屈,要脚踏实地去建设和长期付出。但另一面,很多人相对功利化,具有商人思维,做校友会、搞互助公益的人可谓凤毛麟角。所以,我常常会面临较大的集体观念挤压。

另外,你应该能想象:组织一旦大了,就会涌现各种评价和声音。我们很多时候会遭遇误解、批评和委屈。我曾经因为校友违反群规,把他请出群,之后他用非常恶劣的言语骂过我;曾被校友告上法庭(一审、二审我都胜诉了);等等。偶尔,我也会感到较大的社交干扰,有焦灼感,因为每年常态化与数万人互动,多少会有一些社交摩擦,这需要时间分配和社交逻辑的智慧。我自己在逐步迭代和调整,我的社会策略也在持续更新,这些问题正慢慢改变。我经常宽慰和勉励自己的一句话就是做难而正确的事。人类本身就是高度社会化的群居动物,人是社会关系的总和,所以好的社群完全可以陪伴我们一生,它的全生命周期价值会非常高。

Q:能谈一下阿里校友联合会、青橙会、知识流动这三个主体的关系吗?你是怎样平衡校友会和商业化的?

A:我们针对非阿里群体和公众优先用的是阿里校友联合会。因为我们是阿里巴巴公益和阿里校友会指导下的校友组织，获得阿里巴巴集团非常多的支持和帮助，就连我们的总部办公室也是阿里赞助的。

　　青橙会是我们阿里同学内部的叫法，代表了年轻、活力，也呼应了阿里巴巴橙色主视觉。也就是说，阿里校友联合会和青橙会是一体的，一个是外部叫法，一个是内部叫法。

　　知识流动则是我个人的商业公司主体和品牌名。我们也意识到做校友会的下一个10年必然离不开自我造血和商业化支撑，所以我们有几家以"知识流动"品牌为核心的商业公司主体，在探索社群的商业路径和模式。目前，知识流动已有初步的盈利和增长雏形，我们也获得了阿里一些高管和校友的数百万元天使投资。我希望未来10年，通过投身知识高效、自由、专业的流动，支持年轻人，支持创业者，以及帮助更多的人释放创造力，创造更多的成就、生命价值和财富。

　　Q：某种程度上说，社群是一个弱关系组织，怎样才能让社群保持活跃互动呢？能不能介绍一下你的经验和诀窍？

　　A：人的强价值很多时候依赖的就是弱关系，这本身就是社群的核心价值。正如人类学家邓巴教授的150人核心社会关系模型所指出的，每个人的社交都是有局限和半径的，所以社群到了一定规模，比如上万人，就不再可能普遍活跃，一定有大量的"潜水者"，这是非常正常的。

我个人觉得，任何组织到了10万人规模，尤其是公益或互助社群，就不应该过于活跃，至少不用是日活。其实在微信群或线下，周活、月活已经非常不错了。并且，活跃与否更多时候应该取决于集体，而不是创始人或运营者。很多人对社群有严重的偏见，认为高度活跃才是应该的。事实上，活跃取决于内容矩阵和活动交付，这都是有成本的。大家都知道，人多的地方就会涌现薅资源的人和机会主义者，这是普遍人性，也难以阻挡。我们可以通过顶层架构设计和治理，以及采取一些方法，比如分层分类运营，设计身份标签和荣誉激励体系，营造"贡献者至上"的社群文化，鼓励活跃分子，奖励积极的贡献者，提升组织效率，获得成员的结构性的画像数据和行为数据，重视生态伙伴和外部组织破圈合作等。有生命力的社群应该通过机制和氛围来激发、挖掘建设者和活跃分子，而不是完全依赖运营者和发起人。

总之，我认为社群的核心指标并不是活跃，而是线下活动频次、质量和规模，是社群成员的归属感和获得感，以及其创造的链接、合作所释放的经济价值和社会影响力。

Q：阿里校友联合会在数字化建设上做了很多探索，是因为来自阿里的互联网基因吗？还是基于你怎样的思考？

A：也许三分之一源于阿里的互联网基因，三分之一源于集体的创新和创意涌现，还有三分之一源于创始人的深度思考和深入研究吧。

严格来说，目前我们的数字化程度还较低，我们只是稍微领先于大多数同行。包括一些"大厂"校友会，绝大多数高校校友会和商协会组织，目前还没有进行数字化建设。

AI时代来了，我们这群人本身对技术就会高度关注，比较敏感，我期待的是未来3~10年，AI工具和大模型能系统性为校友会和社群赋能提效。

Q：如果让你回想在运营阿里校友联合会的过程中最有成就感的那一刻，和心情最低落的那一刻，你分别会想到哪些瞬间？

A：这种瞬间其实蛮多的。开心的时候很多，倒霉、委屈、痛苦的时刻也很常见，我目前基本上适应了，会比较从容和耐受，心态也渐渐平静了很多。

我们通过校友组织，在过去9年陆续帮助过数以万计的阿里校友，大家给我和组织上的反馈、善意、帮助也非常多。爱出者爱返，福往者福来，我很珍惜很多人对我本人和校友会的尊重、认可和评价。2022年我获得"阿里巴巴公益榜年度公益之星",两年后,很荣幸地做了"阿里巴巴公益榜总决选评委",得到阿里巴巴集团官方的认可。这是非常宝贵的。我深知自己做得远远不够,希望未来能继续践行,为阿里巴巴、为这个社群做出更多、更实在的贡献。

当然,偶尔我们也会碰到一些质疑、批评的声音,我想说的是,我们还很不完善,需要继续迭代。就像尼采说的,那些杀不死你的,终将使你变得更加强大。所以我们要努力萃取"有价值的信源",努力把它们都变为"财富",核心是倒逼我必须加速进步和迭代,释放更大的潜能和创造力。

Q:从你身上,我能看到很强的哲科思考气质,你觉得这是产业社群发起人必备的素质吗?或者说,发起人需要成为精神领袖吗?

A:本质上,一个好的社群某种程度就是一个"部落",发起人或创始人成为某种"精神领袖"几乎是必然的。因为社群是发起人的作品和"孩子",也是发起人意识形态和价值观沉淀聚合涌现的结果。

但我们要清晰地认识到,"精神领袖"本身其实是双刃剑。关键在于是人就容易犯错,一旦犯错就严重影响社群的品牌美誉度和口碑。所以，凡是明智的社群发起人，早期就应设置好组织治理结构，采取"合伙人制"或"核心队伍集体治理"原则。这样，社群到了一定阶段，要培养接班人和核心管理队伍，发起人就应该功成身退。

世界是多元的，因为多元才丰富，产生了复杂性，产生了专业化和精细化的社会分工。所以，我觉得社群发起人并不一定需要是精神领袖，但一定需要两点核心素质，就是专业化和认知迭代效率。其中，专业化是极致创造力的基本盘，认知迭代效率则是极致创造力的发动机。

用书链接世界

——访谈金融人读书会暨"华说赛[①]"发起人黄闽枫

Q：当初为什么想到做金融人读书会呢？

A：做金融人读书会，还得回溯到我在上海交大高金[②]读MBA时。那时，我参加了一个叫常青藤读书会的活动，觉得这种交流非常好。很多人认为读书是私人的事情，因为要思考。但有时候，几个人一起来交流一本书，可以听到不同的观点和思想，自己再琢磨一下，就基本上都通了。因为我在读书会中受益了，就觉得如果有更多人能够参与读书会，肯定也能从中受益。

2017年我尝试组织线上读书会，邀请了很多人在群里做分享。因为当时邀请参与的以身边的朋友、同学为主，很多是从高金毕业的嘛，都是金融人，所以我给社群起了一个名字，叫

---

① 华说赛全称是华语商学院"说书一刻"挑战赛。
② 上海交大高金的全称是上海交通大学上海高级金融学院。

金融人读书会。

Q：据我所知，金融人读书会从一开始就采取收费制，这对读书会的发展有利还是有弊？

A：当时的情况是，线上读书会运营了近一年后，想想还是线下更有温度，于是2018年我开始做线下读书会。我们立了两个原则：一是收费，二是鼓励大家输出（只有讲得出，才是真懂了）。

那为什么要收费呢？因为我觉得一个人对一件事付出成本时，才会更认真地对待这件事，所以适当的收费既能筛选出对的人来参加读书会，也能给活动团队一些正反馈。当然了，除了一些特殊场合，譬如在上海中心大厦的那场读书会是收费188元，我们大部分的活动收费只相当于一杯咖啡的钱。

也有很多人问我，社群在一开始就收费，会不会影响聚人气？我认为这在于发起人心里要有杆秤，怎样平衡早期的会员数量和质量？另外要知道，我们服务的对象心里也有杆秤，为什么收费？收多少？这就倒逼读书会必须提供好的体验，提供真正的价值。我认为这也是金融人读书会后来能发展到3万书友，以及在上海各区都有分会会长、有各种分主题读书会的原因。譬如我们有一个路亚主题读书会，分享路亚技能，一起出海钓鱼，很酷。

Q：既然金融人读书会已经做得很好了，为什么要从读书会到"说书一刻"大赛进行模式迭代呢？你当时是基于什么考虑？

A：读书会有一个特点，就是大家只是出于一种兴趣，建立的是一种弱链接，所以我总觉得读书会的发展可能是有天花板的。因为想到我们在商学院里会参加戈壁挑战赛、参加马拉松赛，那读书能不能也搞一个赛事呢？这样做的好处有两个：一是我不用运营具体的读书会了，而是创造一个链接很多读书会的内容平台，具有更大的发展想象空间；二是通过一个大赛，一个确定性的节点、目标，让大家为这个目标而去准备，就像奥运会一样，每个读书会内部都会建立起强链接，从而更好地推动读书会的运营，推动书友对阅读的自驱力形成。

Q：阅读的赛事有很多，"说书一刻"大赛有什么特别的吸引力吗？

A："说书一刻"有三大基本赛制：一是团体赛，二是自由演绎，三是时间"一刻钟"。

首先谈团体赛。我们规定每个商学院只能有一支代表队参赛，并且每个比赛队伍需要组成10人左右的小组。这样做的好处是，参赛队伍相当于代表了学校的荣誉，往往会得到全校的支持，产生非常大的关注度和影响力。同时，区别于以往个人分享为主的阅读大赛，这也是非常好的团队合作的演练。甚至很多人告诉我，回想起整个商学院生涯中，参加"说书一刻"大赛的10人小组是此后他们人生中最亲密的关系。由此我也想到我爱好的赛艇运动，在赛艇比赛中，每一个位置都有不同的职能，8号位要领好节奏，7号位要配合8号位，6、5、4、3号位则不要想太多，紧跟8号、7号位的节奏，就像我们的中层干部一样，然后因为赛艇特别长，2号、1号位则要负责方向纠偏。总之，极致的团队精神是比赛中的一大魅力，所以我们首创用团队的形式来成为阅读赛事的核心。

其次，关于自由演绎，就是我们给参赛队伍最大的自由度来发挥自己团队的想象力和创造力来演绎一本书，每个参赛队伍会根据自己地区文化特色、队员的专长，通过脱口秀、戏剧、书评、短视频等多种形式，将一本书中最经典、动人的内容演绎出来。上海作协党委书记王伟对"说书一刻"大赛的评价是："让读过这本书的人惊喜，让没读过的人好奇。"这才能实现从精英的阅读分享，到带动全民阅读的浪潮。

还有为什么叫"说书一刻"呢？因为TED的演讲是18分

钟，我们想本土化一点，所以就15分钟吧，正好是一刻钟。

Q："说书一刻"的赛制很有意思，那它是怎样一步步发展成为全球华语商学院的一大赛事呢？

A：2019年想到做阅读赛事时，我并没有想到能有今天这样的规模和影响力。当时，我只是叫了金融人读书会的四个分会，策划了一次简单的阅读分享比赛。因为大家的反响很好，于是我们就筹备举办了第一届"说书一刻"挑战赛，组织包括复旦、同济、财大在内的上海10所大学商学院组队参加。

事实证明，好项目、好内容是会自传播的。凡是参加第一届"说书一刻"大赛的人，都感觉这种阅读比赛形式非常新颖，由衷地喜欢。其中一位来自南京大学的伙伴提出，能不能第二届开辟南京赛区？他可以在南京牵头组织。于是，第二届加入南京赛区，第三届加入北京赛区，第四届则扩大到全国四大赛区，以及韩国梨花女子大学等商学院的华语学生纷纷组队参赛。到目前为止，总共有80多支商学院参赛队伍。

Q：无论是金融人读书会还是"说书一刻"大赛，你好像在一开始就找到了铁粉，这对于社群的创建太重要了！你认为这得益于什么？和你个人的某些特质相关吗？

A：我认为做社群其实有三个重点：一要有理念，二要有趣，三要有参与感。

因为有理念，才能感召一些跟你同频的人在一起。具体来说，我认为几句核心的、好的Slogan非常重要。"华说赛"现在经常说三句话：第一，让阅读成为一种快乐；第二，用书链接世界；第三，推广全球华语共读。前两句是我们的使命，后一句是我们的愿景，我们所有做的事情都是围绕这样的理念。

有趣也很重要。我参加了很多马拉松赛，去年的上海马拉松我就觉得不好玩，没有奇装异服，没有狂欢。而拿读书来说，某种程度上它是逆人性的，但是我们怎样通过有趣的方式让人们喜欢上阅读呢？这正是"说书一刻"大赛正在做的。我们也跟北京师范大学在一起研究，怎样才能让阅读更快乐。

关于参与感，我举个例子。每次做活动，我都会跟摄影师说不仅要拍上面讲的人，更要拍下面听的人。因为当下面的听众也成为镜头的主角，他一定会发朋友圈。我们要让参与者感受到这个社群不是某个人的，是我们每个人的，大家在这里得到了展示，得到了尊重。

另外，平台的号召力也是社群在一开始能凝聚一批铁粉的关键。拿金融人读书会来说，因为当时我背靠高金，能组织一些高质量的分享，吸引到许多高素质的金融人。而"华说赛"

是在金融人读书会基础上发展起来的，以及它也成为给到所有参与方很大价值的一个平台。

如果说在社群创建之初，我个人什么特质起到了积极影响的话，我觉得是信念的力量。一个人只要有强大的信念去做一件事，就会吸引很多人跟随。记得在上海交大高金学习时，我说想拍一部关于金融人的微电影，在没有专业基础的情况下，我找了一帮同学，凭着一腔热情就拍出来了，还登上了优酷头条。同样，做阅读大赛这件事，其实大家都喜欢阅读，我只是点了个火而已。想想看，全球华语商学院都来参赛，甚至全世界的外国人都学讲中文，那不是很值得骄傲的事吗？只要有足够强的信念，足以激发大家心中那个点，就可以做成一些激动人心的事业。

Q：围绕"说书一刻"大赛，你还做了很多生态建设，譬如华语共读计划、读书会会长大会等，能介绍一下你在生态合作上的经验吗？

A：时间和积累很重要。如果你还没有把自身的团队和用户基础夯实，一开始就谈生态合作，这其实是很空的，合作也累。我们的读书会会长大会是在第四届才开始的，因为办完了比赛，这么多的读书会会长都想要交流一下；而在全球推广华语共读是第五届才开始的，目前参加的院校有9家、出版社有4家，因为"华说赛"的品牌影响力起来了。一个平台到了这个阶段，我们思考的是如何让参与的读书会、院校、出版社等能够借助"华说赛"的影响力产生它自己的影响力，这就是生态的意义。而这是建立在多年的积累上，就像罗振宇讲的要做时间的朋友。

另外，我们在前进的路上，必然会遇到一些和自己气场相近、能够长期陪伴的伙伴。譬如我对出版社圈子不熟，但是有一两个热心的老师就够了，他们会成为我对外合作的一个节点，帮我链接更多资源。而前提是我要把基础做好，要值得他们帮我去推广。换句话说，每个人的资源和能力都是有限的，在同等条件下，他们有潜在诉求才会帮助我、支持我。我想这也是生态合作的关键。

Q："华说赛"很有意义，但我想知道，你在商业化上是怎样考量的？它的未来是否可持续呢？

A：马云曾经在很多场合强调过一个理念，叫"公益心态，商业手法"，我很喜欢这句话。"华说赛"发展到今天，作为一个有机生命体，它承载了自身的公益使命。如果要说商业化的话，就是它凝聚了很多人，是一个流量入口，我们可以在这个基础上去做"书友经济"。譬如我们正在尝试从大赛报名费到接下来IP孵化,以及我们的"图书星球"项目正通过AIGC打造内容平台,这是我们的另一个商业主体"书的世界",将与"华说赛"形成彼此赋能。

至于未来能不能持续,这不是外界决定的,而是我们自身的团队是否能够在使命感、价值观中继续,去坚持"让阅读成为一种快乐",让阅读的人参加大赛有更好的体验感、获得感,更愿意来参与。这个只有自己被自己打败,而不是被市场或被别人打败。

Q:到今年,金融人读书会已经成立8年了,"说书一刻"大赛也举办到第五届,回首这一路走来,你经历过的最大挫折是什么时候呢?

A:疫情那两年,应该是我最低谷的时期。记得2021年4月我们结束了"说书一刻"线上初赛后,复赛和决赛就没能再办。因为我们的线下大赛是300~500人,而疫情期间是不可以举办超过50人活动的,所以只能决定停办。而这一停办,就是两届。到了2022年七八月份,当时是我迷茫的顶点,已经撑了两三年了,那么多钱花下去了,但现实是几乎所有线下的事情都不能做,团队又要正常开销支出。这时候,不仅是"华说赛"将来还能不能继续，也包括自己接下来要何去何从。

我觉得人生最难的事情，就是不知道以后干什么。你可以尝试一下，当你走到路上，假如告诉你要去哪儿，哪怕非常远，只要告诉你一个目标，你就会想办法去。但如果你是漫无目的地走在路上，那时候你是最累的，因为你不知道往哪边走，不知道干什么，对未来未知的时候一定是恐慌的。

我记得当时办公室里放了一个划船机，每天晚上下班后我都会把灯关掉，窗外是五角场的城市夜空，我一边练划船机一边看窗外，漫无头绪，也不知道难过。后来划船划了一个月，慢慢地，心才平静下来。因为我知道"谋事在人，成事在天"，在天不允许我做任何事情时，我能做的就只有等待。于是，那时候也看了很多书，我养成了能够平淡面对突发变故的心态。其实事后看来，"华说赛"第四届能超出预期，获得更大的影响力，也正是疫情那两年的沉淀和坚持，我没有轻易去变换赛道。所以坚持很重要，只要是有价值的事物，一切只需静待花开。

Q：从金融人读书会到"华说赛"，我发现你几乎每一年都会做大的迭代动作，你是怎样看待"战略"这件事的？有没有想过你的终极梦想是什么呢？

A：没错，从最早的线上读书会到线下读书会，再到"说书一刻"大赛、华语商学院的大串联，以及后来的全球华语共读计划、"图书星球"计划等，我是个不甘于墨守成规、喜欢求新求变的人。但你有没有发现，我做的所有事都围绕一个核心：让阅读成为一种快乐。就像马云说的"让天下没有难做的生意"，他围绕的就是这一点，其他都是表象。

很多人一直在提战略，我认为只有教授或者商学院的小伙伴才会执着这个。其实在你做企业的过程中，战略是在你心中对你的企业这个生命体，在特定阶段的一种尝试性的思考。整个市场有变化了，你就要做相应的调整，这就是为什么很多人说老板总是天马行空，因为只有他能理解这个生命体是怎样的一个状态。当然，一切都围绕最核心的使命。

至于说我的终极梦想，还是跟书相关的。第一，我想捐更多的图书馆。因为这个世界上有三种东西能够留下：学校、博物馆、图书馆。我对斯坦福大学的那个图书馆印象很深，希望在中国也能有这样的图书馆。第二，我想打造书的场景乐园，包括线上的和线下的。我们要用AIGC技术、场景赋能，在文创、文旅产业方面进行一些新的、有意思的实践。

致谢

本书的完成首先要感谢阿里巴巴校友联合会、青橙会发起人钟鱼兄,过去几年,我们密切互动,他给了我很多启发和热心的帮助。正如我在书中提到,他是一位有哲科智慧的人。

其次,我对产业社群的深刻认知始于建工地产集团工作期间,所以要感谢汪初翔董事长,一位具有乔布斯式"扭曲现实力场"的卓越企业家;也要感谢李丽总裁,一位知性、优雅并具有优秀品格的领导者。

另外,还要感谢海基会、U8世界创新峰会、中欧科学家论坛、华说赛、AI认知研习社、Datawhale、谷歌开发者社区、陆家嘴FOF联盟等好朋友们的指导和帮助。

当然,需要感谢的人还有很多,包括为本书投入很多心力的韦伟、小应、小车等编辑老师,在写作期间给我极大支持的家人,以及我生命中几位重要的朋友,都曾给予建议和帮助,在此致谢。

祝福我们所有人都能在产业社群中找到自己的生态位,成为"高密度人才社交与协作网络"中的重要节点。